VON DER D-MARK ZUM EURO

Erinnerungen des Chefökonomen

von

Prof. Dr. Dr. h.c. mult. Otmar Issing

VERLAG FRANZ VAHLEN MÜNCHEN

Nach einer erfolgreichen akademischen Karriere war **Prof. Dr. Dr. mult. h.c. Otmar Issing** von 1990 – 1998 Mitglied des Direktoriums der Deutschen Bundesbank und deren Chefökonom. In dieser Funktion und mit dem Sitz im Zentralbankrat nahm er wesentlichen Einfluss auf den geldpolitischen Kurs. Von 1998 – 2006 war er Mitglied des Direktoriums und des Rates der Europäischen Zentralbank. Als deren erster Chefökonom spielte er eine zentrale Rolle bei der Einführung des Euro. Er gilt als Vater der Zwei-Säulen-Strategie und prägte die Geldpolitik der ersten Jahre.

vahlen.de

ISBN Print: 978 3 8006 7483 1
ISBN E-Book (ePDF): 978 3 8006 7510 4
ISBN E-Book (ePub): 978 3 8006 7511 1

Druck und Bindung: Beltz Grafische Betriebe GmbH
Am Fliegerhorst 8, 99947 Bad Langensalza

Satz: Fotosatz Buck
Zweikirchener Str. 7, 84036 Kumhausen
Produktion: Sieveking Agentur, München
Umschlag: Ralph Zimmermann – Bureau Parapluie
Bildnachweis: © Otmar Issing; © PantherMediaSeller – depositphotos.com; © claudiodivizia – depositphotos.com

vahlen.de/nachhaltig

Gedruckt auf säurefreiem, alterungsbeständigem Papier
(hergestellt aus chlorfrei gebleichtem Zellstoff)

Issing

Von der D-Mark zum Euro

VORWORT

Vor 25 Jahren, am 1. Januar 1999, schlug die Geburtsstunde des Euro. Als erster Chefökonom der Europäischen Zentralbank stand ich dabei im Mittelpunkt des Geschehens. In meinem Buch »Der Euro – Geburt, Erfolg, Zukunft« (München 2008) habe ich dieses historisch einmalige Ereignis aus wissenschaftlicher Sicht analysiert.

Seitdem habe ich in zahlreichen Interviews und Gesprächen Vorgänge angesprochen, die sich hinter den offiziellen Nachrichten abgespielt haben, und habe dabei jeweils großes Interesse registriert. Darüber hinaus bietet die EZB als gemeinsame Notenbank vieler Länder reichlich Stoff über das Zusammenwirken verschiedener Nationalitäten zum Gelingen eines großen europäischen Projekts. Dazu konnte ich in einer zentralen Position einen wichtigen Beitrag leisten. Dabei kamen mir die Erfahrungen in meiner vorherigen Rolle als Chefvolkswirt der Deutschen Bundesbank zugute. So ist ein Bild entstanden, das Notenbanken nicht als der Öffentlichkeit weitgehend fremde Institutionen, sondern als von Menschen gestaltete Einrichtungen zeigt.

Eine Rolle als Notenbanker war in meinem Lebensweg alles andere als vorgezeichnet. In ihm spiegelt sich an einem persönlichen Schicksal auch ein Stück Nachkriegsgeschichte wider.

»Jeder Mensch erfindet sich früher oder später eine Geschichte, die er für sein Leben hält« (Max Frisch, Mein Name sei Gantenbein). Soweit möglich, habe ich mich an Dokumenten und Aufzeichnungen orientiert.

Für wichtige kritische Anmerkungen danke ich ganz herzlich Dr. Frank Issing und Wolfgang Schill. Dr. Franz Josef Link hat darüber hinaus den ganzen Text auf editorische Mängel durchgesehen. Der Verlag Franz Vahlen hat nach meinen wissenschaftlichen Veröffentlichungen auch dieses Buch in sein Programm aufgenommen. Hermann Schenk danke ich für das sorgfältige Lektorat.

Ich widme dieses Buch meiner Frau. Wer es liest, versteht sofort warum.

Würzburg, im Frühjahr 2024
Otmar Issing

INHALTSVERZEICHNIS

1. 16. März 2006 – 16. März 1945 ... 9

2. Das Ende der Kindheit ... 13

3. Die Stunde null ... 17

4. Meine Schulzeit ... 21

5. Ein Familienbetrieb ... 29

6. Von der Altphilologie zur Nationalökonomie ... 33

7. Sport und Krankheit ... 39

8. Die Assistenz-Zeit ... 43

9. Als junger Professor in Nürnberg ... 49

10. Die lange Zeit an der Universität Würzburg ... 61

11. Bundesbanker 1990–1998 ... 73

12. Die EZB – Höhepunkt meiner beruflichen Laufbahn ... 119

13. Abschied von der EZB – Abschied von der Welt der Notenbanken ... 223

14. Es gibt ein Leben danach ... 229

1.

16. MÄRZ 2006 – 16. MÄRZ 1945

Am 16. März 2006 endete meine Amtszeit als Mitglied des Direktoriums der Europäischen Zentralbank (EZB). Zu meinem Abschied organisierten meine Mitarbeiter aus den Generaldirektionen Volkswirtschaft und Forschung eine Konferenz »**A Journey from Theory to Practice**«. Dieser Titel beschreibt in aller Kürze meinen Weg von der Wissenschaft zur Notenbank. Die Liste der Teilnehmer an dieser Veranstaltung liest sich wie ein Who is Who der Notenbanken und der Wissenschaft. In einer Reihe von Fällen musste ich erst die Organisatoren überreden, es auch mit scheinbar »aussichtslosen Fällen« wie dem Nobelpreisträger Robert Lucas von der Universität Chicago zu versuchen. Niemand schlug die Einladung aus, alle kamen und haben wichtige Beiträge geleistet, die anschließend in einem Buch veröffentlicht wurden.

Die Konferenz erstreckte sich über zwei Tage vom 16. bis 17. März 2006. Für den Abend des ersten Tages lud die EZB zu einem Dinner ein. Unter den 350 Gästen fanden sich führende Repräsentanten aus den Notenbanken, der Finanzindustrie, Wissenschaft und Politik. In der Nähe saßen meine Familie und Freunde aus alten Zeiten. Präsident Jean-Claude Trichet hielt eine Rede, die über die Würdigung meines Beitrags zum Aufbau der EZB, der Einführung des Euro und der Geldpolitik hinaus in ihrer persönlichen Note unsere langjährige Freundschaft ansprach. Um das bei einer solchen Gelegenheit unvermeidliche, bei den Zuhörern leicht Überdruss und Langeweile erzeugende Loben zu begrenzen, hatte ich Martin Wolf, den weltweit bekannten Journalisten der *Financial Times* eingeladen, eine kritische Rede zur Rolle der Notenbanker zu halten. Er hatte mir am Telefon gesagt: Ich warne Dich, ich bin unberechenbar. Meine Antwort: Genau deshalb möchte ich Dich dabeihaben. Kurzum, er hielt Wort.

Schließlich war die Reihe an mir. Die acht Jahre als Mitglied des Direktoriums der EZB mit der Verantwortung für die Bereiche Volkswirtschaft und Forschung waren der Höhepunkt meiner beruflichen Laufbahn. Die Einführung des Euro mitzugestalten, die Geldpolitik in den ersten Jahren der neuen Währung zu prägen, übertrafen alle Vorstellungen von der Tätigkeit eines Ökonomen. Es war schwierig, für den Dank an so viele, vor allem an all die jungen, hochmotivierten und exzellenten Mitarbeiter, die richtigen Worte zu finden. Bis heute verdrängt aber eine andere Erinnerung das glänzende Ambiente und die festliche Stimmung. Als ich nämlich am Rednerpult stand und in die festliche Versammlung blickte, schoss mir dieser Gedanke durch den Kopf. **Vor 61 Jahren, am 16. März 1945**, genau um diese Zeit, fiel meine Heimatstadt in Schutt und Asche. Ein Bombenangriff von weniger als 20 Minuten hatte Würzburg mit einer Feuersbrunst überzogen und in eine Ruinenlandschaft verwandelt, die man schon bald das Grab am Main nannte.

Ich konnte und wollte den Zuhörern meine Gedanken nicht vorenthalten. Mit wenigen Worten blieb ich aber nicht bei dieser Erinnerung, sondern schlug vor den Gästen aus aller Welt den Bogen zu den glücklichen Zeiten des Friedens und der

Völkerverständigung in Europa, für die gerade die EZB und die gemeinsame Währung ein eindrucksvolles Beispiel abgaben.

Am Ende dieses für mich besonderen Tages, erfüllt mit interessanten und wunderbaren Begegnungen, wissenschaftlich fruchtbaren Diskussionen drängte sich die Erinnerung an den anderen 16. März in den Vordergrund. Da mein gerade neun Monate alter Bruder an einer schweren Lungenentzündung litt, flüchtete nach einem kleinen Bombenangriff meine Tante mit uns zu Verwandten in einer nahegelegenen Ortschaft. An diesem Tag wurde ich spät aus dem Schlaf geweckt. Wir gingen ins Freie. Dort wo Würzburg lag, war jetzt der Himmel, so weit man sehen konnte, buchstäblich blutrot. Man hätte mitten in der Nacht Zeitung lesen können. Aus der Ferne konnten wir uns nicht vorstellen, dass jemand diesem Inferno entrinnen konnte. Hatte ich meine geliebte Mutter verloren, die des Geschäfts wegen in Würzburg geblieben war? Welches Glück, als sie zwei Tage später auf einem Fahrrad, schwarz im Gesicht, aber wohlbehalten bei uns eintraf. Wie viele hatte sie aus dem Luftschutzkeller den Weg durch das Glacis – die ehemalige halbringförmige Stadtbefestigung war einem Grüngürtel gewichen – zum rettenden Mainufer gefunden. Diesem geografischen Umstand verdankten sie und viele zehntausend andere ihr Überleben.

2.

DAS ENDE DER KINDHEIT

Mit der Zerstörung Würzburgs und unserer Wohnung endete meine Kindheit. **Meine Eltern** stammten aus zwei armen Bauernfamilien mit insgesamt 20 Kindern. Meine Mutter (Jahrgang 1907) wuchs in Klengen, einem kleinen Ort im Südschwarzwald auf. Sie entfloh schon bald nach dem Ende der Schulzeit der Enge des Dorfes und fand schließlich in Freiburg im Breisgau eine Stelle in der Gastronomie. Mein Vater (1910) kam aus Güntersleben in der Nähe Würzburgs, der Ort, in dem wir uns nach dem Angriff wiederfanden, allerdings ohne meinen Vater, der beim Rückzug der Wehrmacht in der Marienburg – heute Polen – schwer verwundet wurde und für uns als verschollen galt. Seinem Wunsch, Lehrer zu werden, standen die beengten wirtschaftlichen Verhältnisse im Wege. Als Kellner landete er nach einigen Stationen in Köln, wo sich meine Eltern – in der gleichen Branche tätig – trafen. Sie heirateten in Würzburg und übernahmen die Gaststätte »Erzherzog Karl«, benannt nach dem Habsburger Heerführer, der im Jahre 1796 eine Schlacht in Würzburg gegen die Franzosen gewonnen hatte.

Am 27. März 1936 kam ich zur Welt. Mein Vater wurde

bald zum Wehrdienst eingezogen und war dann im Krieg zuerst in Frankreich, anschließend in Russland. Meine Mutter, unterstützt durch ihre Schwester, führte die Gastwirtschaft bis zum Kriegsende. Wie die beiden mir später immer wieder erzählten, hat mich als kleiner Junge tief erschüttert, wie die Nazis Juden im Nachbarhaus drangsalierten und in der Pogromnacht am 9. November 1938 die Möbel aus dem Fenster warfen. An den Judenstern erinnere ich mich bis heute, auch daran, wie meine Mutter versuchte, den jüdischen Nachbarn mit Nahrungsmitteln zu helfen. Als dann im Krieg des Öfteren russische Kriegsgefangene in das Nebenzimmer zu einem vorgeschriebenen, sicher äußerst kargen Essen geführt wurden, steckte sie dem einen oder anderen heimlich ein Stück Brot zu. Als tiefgläubiger Katholikin waren ihr die Nazis zutiefst zuwider. Wie vertrackt und widersprüchlich damals die Situation war –und für heutige Schlaumeier unverständlich – mag diese kleine Geschichte belegen. Die SA, die unsere Wirtschaft zunächst als Versammlungsraum okkupiert hatte, bedrängte meine Mutter existenzbedrohend, weil ihr Mann nicht in der Partei war. Wohl durch die Unterschrift meiner Mutter wurde mein Vater ohne sein Wissen Parteimitglied. (Er wurde dann nach Kriegsende als Mitläufer rasch »entnazifiziert«.) Die Abscheu meiner Mutter gegen die Nazis wurde dadurch noch größer. Als Heranwachsender habe ich selbst nicht selten erlebt, wie meine Mutter gleichgesinnte Gäste warnte: Sei still, sonst kommst Du nach Dachau, war das gängige Wort. Erst nach dem Krieg habe ich den Hintergrund des einen oder anderen Gastes am Stammtisch erfahren, darunter ein bekennender Kommunist, mit dem ich mich angefreundet hatte. Auf der anderen Seite war ich stolz, das Foto mit Widmung des im Nachbarhaus wohnenden Stukafliegers zu besitzen, noch mitten im Frieden als Mitglied der Legion Condor einer der ersten Ritterkreuzträger.

Zu meiner frühen politischen Prägung trug ganz wesentlich

der Vater meiner Mutter, also **mein Opa** bei. Im Alter von fünf Jahren stellte der Arzt bei mir eine mehr oder weniger leichte TBC fest. Statt in ein Sanatorium zu müssen, sollte ich über den Sommer bis zum Schulbeginn wegen der gesunden Luft die Zeit bei meinen Großeltern im Schwarzwald verbringen. Wegen des offensichtlichen Erfolgs für meine Gesundheit war dies mein Ziel in den großen Ferien bis ins vorletzte Kriegsjahr. Als Eisenbahner wurde mein Opa im Ersten Weltkrieg bei einem Angriff verschüttet und schwer verletzt. Später führte er den mehr als bescheidenen Hof. Jahraus jahrein war er mit dem Gespann von zwei Kühen – von insgesamt fünf – auf seinen weit verstreuten kleinen Feldern unterwegs. Schon bald durfte ich ihn begleiten und habe ihn von Anfang an in mein Herz geschlossen. Dieser sonst so schweigsame alte Mann breitete dem Enkel aus der Stadt seine ganze Erfahrung aus. So hörte ich vom Reichskanzler Max von Baden, der Ermordung Rathenaus und vor allem Erzbergers. Als tiefgläubiger Katholik verachtete er die Nazis. Als zwei seiner Söhne in den ersten Monaten des Russlandfeldzugs fielen, schlug seine Einstellung in Hass um, soweit dieser gutmütige Mensch dazu fähig war. In der verdunkelten Stube hörte ich mit ihm den »Feindsender« Radio Beromünster und kam mir an seiner Seite wie ein Verschwörer vor. Meine Großmutter war übrigens von unseren gemeinsamen Fahrten auf die Felder alles andere als angetan. »Der Bub schwätzt so viel« höre ich sie heute noch lamentieren. Nun, ganz grundlos war ihre Sorge nicht, schließlich haben wir einmal den großen Leiterwagen gekippt und die Deichsel abgebrochen – das war vorher noch nie passiert.

Eher unterschwellig nahm ich die zunehmende Bedrohung durch Blockwarte und andere unangenehme Zeitgenossen wahr. Ich besuchte die Kirche im nahegelegenen Benediktinerkloster, wo ich nach und nach in der Hierarchie der vielen Ministranten aufstieg. Als ich einmal zu spät zur Schule kam und der Lehrer mich nach dem Grund fragte, gab er mir auf meine Antwort, ich hätte ministriert, eine heftige Ohrfeige. Ich war stolz und fühlte mich fast wie ein Märtyrer. Diesen Lehrer habe ich als einzigen auffälligen Nazi in Erinnerung. Immer wieder hat er vom **Todfeind jenseits des Rheins geredet**, und jenseits des Kanals lebten die wegen des fürchterlichen Churchills eher noch schlimmeren Engländer. Ich weiß nicht, wie weit uns das damals überzeugt hat. Aber mit die schönsten Erfahrungen in meinem späteren Leben verdanke ich den Freundschaften gerade in diesen beiden Ländern.

Dank unserer Gastwirtschaft blieb ich vom Hungerleiden verschont, wie auch sonst meine Kindheit unter der Fürsorge meiner Mutter und mit guten Freunden rundum glücklich verlief. Der Krieg hatte Würzburg lange verschont. Wir standen am helllichten Tag oft auf der Straße und sahen die Bomber Richtung Schweinfurt und Nürnberg ziehen, wo sie regelmäßig ihre tödliche Last abwarfen. Das Brummen der Flugzeuge kann man nicht aus den Ohren verlieren. Auch als wir zum Schluss mehrmals in der Woche nachts in den Luftschutzkeller mussten, haben wir Kinder das als mühselig, aber nicht als gefährlich empfunden. Die Sorgen lagen bei den Eltern – eine allgemeine Erfahrung?

Am 16. März 1945 ging diese Welt unter.

3.

DIE STUNDE NULL

Die letzten Wochen des Krieges erlebten wir bei unseren Verwandten in Güntersleben, einem kleinen Ort in der Nähe von Würzburg. Mit den Jungen des Dorfes trieben wir uns auf den Feldern herum. Zwei Ereignisse bleiben mir in Erinnerung. Einmal warfen wir uns in die Ackerfurchen, als ein englischer Tiefflieger sinnlos in der Gegend herumballerte. Bei anderer Gelegenheit erfasste uns der Schrecken, als wir einen deutschen Soldaten aufgehängt an einem Baum sahen mit einem Pappschild vor der Brust: Ich bin ein Verräter.

Die letzten deutschen Soldaten, ganz alt oder sehr jung, waren auf der Flucht in den nicht weit entfernten Gramschatzer Wald. Im Hof meines Onkels kochte meine Mutter Gulasch von einer von den Tieffliegern erschossenen Kuh. Selbst wir Jungen verstanden, dass dies wohl die letzte Mahlzeit dieser Truppe war. **Die Amerikaner** schossen von der Höhe in Würzburg zu kurz, sodass viele Granaten das Dorf trafen – wir landeten also wieder im Keller. Wenige Tage später hörten wir ein seltsames Geräusch. Bald darauf begann der Boden – die Straßen des Ortes waren nicht geteert – immer stärker zu zittern. Mein Cousin und ich schlichen von den Erwachsenen unbemerkt hinauf ins Wohnzimmer. Hinter den Gardinen verborgen sahen wir, wie ein Panzer um die Ecke bog, seine Kanone in unsere Richtung schwenkte und nach kurzem Verharren schließlich auf unser Haus zufuhr. Direkt vor unserem Fenster hielt er an. Es dauerte eine ganze Weile, dann ging der Deckel auf und ein Soldat mit Helm schaute sich um. Ich weiß noch genau, dass ich überrascht war – der sieht ja genauso aus wie wir. Wir mussten schließlich das Haus verlassen und kamen bei einem anderen Onkel unter. Die Nächte im Stroh waren ein herrliches Erlebnis für mich. Als wir schließlich zurückkonnten, war das Haus unversehrt. Die amerikanischen Soldaten hatten einige Eier an die Wand geworfen und das Bild eines deutschen Soldaten zertrampelt, aber ansonsten keinen Schaden angerichtet.

Für meine Mutter war das Gefühl der Abhängigkeit schon sehr bald unerträglich. Sie ging auf Erkundung und fand eine Bleibe in Zell, wenige Kilometer mainabwärts von Würzburg. An einem heißen Sommertag machten wir uns auf den Weg. Zwei Erwachsene, meine Mutter und meine Tante, ein neunjähriger Junge und mein kleiner Bruder im Kinderwagen. Die beiden anderen Gefährte: Ein kleiner Leiterwagen und ein Fahrrad. Für mich war es die Fortsetzung einer Art Abenteuer und instinktiv vertraute ich voll und ganz auf meine Mutter, die eine unbesiegbare Kraft ausstrahlte, obgleich sie doch selber nicht wissen konnte, wie es weitergehen würde. In Zell hausten wir zunächst in einem Raum mit zerbrochenen Fenstern in zwei Betten. Um zu überleben, fuhr meine Mutter mehrmals die weite Strecke zu einem uns bekannten Bauern. Mehr als einmal waren wir in größter Sorge, als sie vor Ende der Sperrstunde noch nicht zurück war. Aber schließlich konnten wir uns jedes Mal über die »geschnorrte« Nahrung hermachen.

Bald übernahm meine Mutter das kleine Lokal in Zell. Eines Tages erschien wie aus heiterem Himmel mein Vater, der nach der Entlassung aus dem Lazarett den weiten Weg um die Linie des Krieges herum in den Schwarzwald zu seinen Schwiegereltern gefunden hatte. Mein Onkel war in Russland vermisst, wir mussten vom Schlimmsten ausgehen.

In der Zwischenzeit hatte sich meine Mutter mit mir aufgemacht, um nach unserer zerstörten Gastwirtschaft in Würzburg zu sehen. Den Weg über **Schuttberge nichtgeräumter Straßen, den Brandgeruch und das Bild einer Geisterstadt werde ich nie vergessen.** Die Häuser waren Brandbomben zum Opfer gefallen. Die Außenwände ragten in den Himmel, die Fensterhöhlen gaben den Blick in ein leeres Inneres frei, in dem am Boden der Schutt der ehemaligen Stockwerke lag. Das gleiche Bild erwartete uns bei unserer Wirtschaft. Zunächst räumten wir die zerborstenen Flaschen weg, die Reste der Leergutsammlung am Ende des Krieges. Da wir nicht über eine Schaufel verfügten, musste ein Brett genügen. Erstaunlicherweise hatte die ehemalige Garage den Angriff weitgehend unbeschadet überstanden. Dort verkauften wir dann das erste Bier. Dazu mussten wir den weiten Weg mit dem Leiterwagen zur Brauerei und für das Wasser in das ebenfalls weit entfernte Luitpold-Krankenhaus machen, denn das Wasser aus der Leitung durfte wegen Seuchengefahr nicht verwendet werden.

Eine kleine Episode, die meine Mutter oft erzählt hat, mag als Beispiel für viele skurrile Situationen gelten. In den Kellern und Ruinen war sehr schnell wieder Leben erwacht, das man zunächst kaum bemerkte. Verschiedene Ämter hatten bereits wieder die Arbeit aufgenommen. So sprach sich unter den früheren Gästen schnell herum, dass es »beim Erzherzog Karl« wieder Bier gibt. Vor dem einen Bierfass bildete sich eine Schlange. Da wir nur über einen Maßkrug verfügten, musste jeder seinen Krug austrinken, bevor der nächste drankam. Als ein alter Bekannter, dessen Namen ich vergessen habe, an der Reihe war und in den Wassertrog blickte, sagte er zu meiner Mutter: Frau Issing, bitte nicht ausspülen.

In der ehemaligen Küche, ringsum die erhaltenen Außenwände, die während der nächsten Jahre bei starkem Wind bedrohlich schwankten, räumten wir mit den Händen Backstein für Backstein weg und fanden immer wieder erhaltene Maßkrüge und eine Küchenmaschine, in die die Hitze des Brands Sandkörner eingebacken hatte. Welche Überraschung und Freude, als wir eines Tages den großen Herd freilegten und in dem geräumigen Wärmefach viele unbeschädigte Teller – mit Sandeinschlüssen – vorfanden. In der Garage wurde eine Küche mit Kohleofen eingerichtet und in dem anderen Raum konnten dann die Gäste auf Holzbänken das im Laufe der Zeit immer bessere Essen genießen. Der Zuspruch war enorm. Meine Tante übernahm schließlich das »Lokal« und wurde drei Jahre später durch ihren aus Russland zurückgekehrten Mann, vor dem Krieg Drogist, unterstützt. Die Versorgung erfolgte teils von unserer Gastwirtschaft in Zell aus. So habe ich oft am Schlachttag mit einem schwerbeladenen Fahrrad Würste und eine Kanne Kesselsuppe nach Würzburg gebracht. Als ich eines Tages bei Schneetreiben in die Straßenbahnschienen geriet und stürzte, musste ich die wie an der Schnur aufgereihten Leberwürste erst wieder von der Straße einsammeln.

4.

MEINE SCHULZEIT

Die letzten zwei Jahre Volksschule verbrachte ich in Zell. Wir hatten eine strenge Lehrerin, vor der wir alle Respekt hatten. Als ich das Abschlusszeugnis erhielt und die Lehrerin fragte, warum ich in Rechnen – beim kleinen Einmaleins sprach man damals noch nicht hochtrabend von Mathematik – keine Eins bekommen habe, erhielt ich zur Antwort: Hast Du noch nie einen Fehler gemacht? Soviel zur Notengebung in dieser und der folgenden Zeit.

Ich fuhr dann alleine zur Aufnahmeprüfung für **das humanistische Gymnasium** in Würzburg. In den ersten zwei Jahren musste ich als Fahrschüler zunächst eine weite Strecke bis zum Bahnhof Zell laufen. Für den stets überfüllten Zug war dies der letzte Halt vor Würzburg. Meist habe ich keinen Platz in einem Wagen bekommen, nicht selten war das Trittbrett die einzige Möglichkeit, um mitfahren zu können. In den damals sehr strengen Wintern konnte das nur für eine kurze Strecke gut gehen. Im ungeheizten Klassenraum saßen wir dann im Mantel und versuchten mit klammen Fingern den oft sehr kurzen Bleistiftstummel zu halten. Ich kann mich nicht erinnern, dass sich jemand beklagt hätte, die Zeiten waren halt einmal so. In den ersten zwei Jahren hatten wir überwiegend alte Männer als Lehrer, die man aus dem Ruhestand zurückgerufen hatte – die jungen waren im Krieg gefallen.

Meine Mutter kannte die Situation bei den Zügen und war in großer Sorge, vor allem seit ich einmal mit zerschundenen Knien nach Hause kam, weil ich vom Trittbrett gefallen war. Ihr stetes Drängen bei unserem Dorfpfarrer hatte schließlich Erfolg und ich wurde in **das Kilianeum in Würzburg** aufgenommen. Ausschlaggebend war mein intensiver Einsatz als Ministrant, handelte es sich doch um eine Einrichtung der Diözese, um den Priesternachwuchs zu fördern. Vom Internat aus gingen wir zum sogenannten alten Gymnasium, in dem die Kilianisten eine große Gruppe bildeten. Es handelte sich zum größten Teil um Bauernkinder aus der weiteren Umgebung, die sich durch gute schulische Leistungen ausgezeichnet hatten und auf Empfehlung des jeweiligen Pfarrers aufgenommen worden waren.

Für mich war das wie eine Erlösung, war ich doch dadurch die meiste Zeit des Jahres dem verhassten Dienst in der Wirtschaft entkommen – auf die Ferien habe ich mich nicht gefreut. Der Regens und die Präfekten führten ein strenges Regime. Am besten in Erinnerung habe ich einen Präfekten, der auch schon mal beim Fußballspielen mit uns im Tor stand, aber bei größeren Verstößen gegen die Hausordnung kein Pardon kannte. Ich habe mir zweimal einige Stockhiebe abgeholt. Ich fand das ganz in Ordnung, nicht zuletzt, weil damit die Sache erledigt war. Nach den zahlreichen Berichten heutzutage über schreckliche Ereignisse in vergleichbaren Einrichtungen muss ich einfach klarstellen: Dieser Präfekt war kein Sadist – ganz im Gegenteil, wir haben ihn als strengen, aber gerechten und stets zugänglichen sympathischen Priester hoch geschätzt.

In meiner fünfjährigen Internatszeit gab es keinen einzigen Fall, in dem von den Vorgesetzten Übergriffe ausgingen. Unter den Schülern sah das schon anders aus. Als Folge des

Krieges waren die Altersunterschiede in den Klassen und damit die »Kräfteverhältnisse« sehr groß, drei Jahre waren keine Seltenheit. Als Zweitjüngster musste ich mir manches gefallen lassen. Als eine Gruppe der Älteren mit den bei solchen Gelegenheiten üblichen Mitläufern einen Mitschüler schikanierte, habe ich mit heimlich verteilten Drohungen der »Schwarzen Hand« einigen Schrecken erzeugt und das Ende der Schikanen für den Mitschüler bewirkt. Zwar gab es immer wieder kleine Fehden, ich habe jedoch das **Internat als eine spannende Zeit** empfunden. Ob Fußball oder andere Aktivitäten, es war immer etwas los. Die Oberklässler – ab dem 7. Gymnasialjahr – mussten die Aufsicht an den großen Esstischen und im Schlafsaal übernehmen. Dabei habe ich lernen können, wie man mit einer Mischung aus einer gewissen Strenge und Zuwendung Disziplin schaffen kann, ohne dass die Fröhlichkeit darunter leidet. Mit einem Klassenkameraden hatte ich die Aufsicht in einem Schlafsaal von 40 Zweitklässlern. Da musste man schon gelegentlich dafür Sorge tragen, dass jeder gewaschen und erst nach dem Zähneputzen ins Bett ging. Um 21 Uhr wurde das Licht gelöscht und absolute Ruhe war angesagt. Im Laufe der Zeit habe ich dann angefangen, gegen das Verbot gelegentlich eine kleine Geschichte zu erzählen – bis eines Tages ein anderer Präfekt, den ich wegen seiner nur scheinbar sanften Art nicht ausstehen konnte, typisch für ihn in der Dunkelheit in den Saal geschlichen war und plötzlich vor meinem Bett stand.

Als wir Oberklässler die Erlaubnis erhielten, das Abschlussfeuerwerk des Kiliani-Festes zu sehen, habe ich mit meinem Freund ein kleines Fenster an der Pforte geöffnet, die Tür verschlossen und den Schlüssel mitgenommen. So konnten wir das Feuerwerk von der Höhe über Würzburg beobachten mit der Folge, dass bei unserer Rückkehr das Tor längst abgeschlossen war und alles im Dunkeln lag. Für uns beide kein Problem. Wir stiegen über die Außenmauer und gelangten durch das kleine Pfortenfenster dank des Schlüssels in das Haus. Im Schlafsaal schlich ich mich zu meinem Bett in der entfernten Ecke. Welcher Schreck – da saß der besagte Präfekt, den ich in seiner schwarzen Soutane erst im letzten Moment wahrnahm, auf meinem Bett.

Für heutige Ohren sind das läppische Geschichten, für das strenge Regime in diesem Internat war das ein extremer Verstoß. Nachdem sich einige andere – sagen wir Begebenheiten – dazu gesellten, durfte ich nicht bleiben und habe dann dasselbe Gymnasium als »Stadtschüler« besucht. Mir war längst bewusst geworden, dass ich zum Priester nicht tauge. Von den pubertären Gefühlen abgesehen, überkamen mich immer mehr Zweifel an den hohen religiösen Anforderungen, die mir wesentlich erschienen. Ich weiß noch wie heute, dass ich bei einem gemeinsamen Gebet innehielt und zu mir sagte: Nein, das will ich nicht. Es handelte sich um den Satz des Ignatius von Loyola: »Nimm hin, o Herr, meine ganze Freiheit. Nimm an mein Gedächtnis, meinen Verstand, meinen ganzen Willen.«

Eine große Rolle spielte auch die wachsende Distanz zu **den Thesen, die uns im Religionsunterrich**t geboten wurden. Versuche etwa, den Verstand über »Gottesbeweise« anzusprechen, bewirkten in ihrer logischen Dürftigkeit bei mir eher das Gegenteil. Das galt auch für die zur damaligen Zeit wohl üblichen Doktrinen. Unser Religionslehrer, ein älterer Priester, vertrat doktrinär die Meinung, dass nur Getaufte in den Himmel kommen können. Auf meine Frage, es könne doch wohl nicht sein, dass Menschen in anderen Teilen der Welt, die noch nie mit der katholischen Religion in Berührung kommen konnten, damit ohne eigenes Verschulden ausgeschlossen sein sollten, reagierte er sehr unwirsch. Jedenfalls erhielt ich keine befriedigende Antwort. Über solche Erfahrungen hätte man leicht zum Atheisten werden können.

Unter den Lehrern gab es erwartungsgemäß die unterschiedlichsten Typen. Von einer, allerdings extremen Ausnahme abgesehen, herrschte zivile Disziplin. Wenn ich nach dem Abschluss der Schule den ehemaligen Biologielehrer sah, habe ich mich wegen der einen oder anderen Dummheit geschämt und besonders freundlich gegrüßt. Eine Ausnahme muss ich jedoch erwähnen. In Deutsch und Geschichte hatten wir in den beiden Klassen vor dem Abitur einen Lehrer, der mir von der ersten Stunde an merkwürdig vorkam. Er hatte wohl als Flüchtling aus dem Osten Europas eine sehr schwierige Zeit hinter sich, von der er aber nur andeutungsweise berichtete. Den Hintergrund seiner für mich eigenartigen Ausführungen habe ich erst verstanden, als ich mir sehr viel später einmal angesehen hatte, welche Auffassungen Personen vertreten haben, die er immer wieder hervorhob. Wegen der häufigen Nennung ist mir der Name Paul de Lagarde hängengeblieben, mit dem wir damals nichts anfangen konnten. Das Wissen um dessen völkisch-antisemitische Veröffentlichungen hat mir nachträglich die Augen geöffnet. **Die Unterrichtsmethode des besagten Professors**, so sprachen die Schüler an bayerischen Gymnasien ihre Lehrer an, war insofern sehr fortschrittlich, als er zu geschichtlichen Themen immer wieder zwei Schüler bestimmte, die Positionen Pro und Contra zu vertreten hatten. Da sich inzwischen eine spürbare gegenseitige Abneigung entwickelt hatte, bestimmte er mich regelmäßig, die »böse« Seite zu vertreten. So hatte ich zum Beispiel die Rolle eines Bismarckgegners zu spielen. Hatte ich zunächst nur eine vage geschichtliche Vorstellung, habe ich mich dann eingelesen und mit Genuss Bismarcks Verfassungsbruch ausgewalzt. Extrem wurde es dann, als ich den Kommunismus, unter dem er so gelitten hatte, vertreten musste. Ich habe mich entsprechend meiner Rolle gut vorbereitet und meinem Klassenkameraden auf der Gegenseite argumentativ keine Chance gelassen. Das führte dann dazu, dass er, der im gleichen Haus wie meine damalige Freundin (und spätere Frau) wohnte, sie vor dem **Kommunisten Otmar Issing** warnte. Wie mir unser Klassenlehrer, der zu einem väterlichen Freund geworden war, etwa ein Jahr nach dem Abitur erzählte, hatte ich den besten Deutsch-Aufsatz geschrieben und in der Erstkorrektur eine glatte Eins erhalten. Besagter Lehrer bewertete als Zweitgutachter die Arbeit mit der Note Vier. Ich konnte schließlich auch mit der Schlussnote Zwei leben. Auch wenn er mir in verschiedener Weise übel mitgespielt hatte, berührte mich doch sein Schicksal, als ich erfuhr, dass er in eine Nervenheilanstalt eingeliefert worden war. Ich erwähne diese Episode auch deshalb, weil ich aus späterer eigener Erfahrung und der anderer sehen konnte, wie sehr die Zukunft von widrigen Umständen abhängen kann.

Die letzten beiden Schuljahre habe ich in bester Erinnerung. Dazu trugen hervorragende Lehrer bei. Neben Deutsch hatten es mir **die alten Sprachen Latein und Griechisch** angetan. Für das Niveau in diesen Fächern in unserer Klasse sprach eine Stunde, die von den Referendaren in diesem Fach besucht wurde. Wir lasen Plato, das Höhlengleichnis stand auf dem Programm. Wir hatten uns ganz normal vorbereitet, und unser Lehrer rief natürlich nicht gerade die schwächeren Schüler auf. Nach der Stunde musste er sich dann anhören, er hätte eine vorbereitete Schau aufgeführt.

Das Abitur fand ich ein wenig wehmütig als Abschied von einer langen Schulzeit. Ich sah der Prüfung so entspannt entgegen, dass ich am ersten Tag, Latein stand auf dem Programm, verschlief und wegen meiner Verspätung weniger Zeit zur Verfügung hatte. Hatte ich vorübergehend einmal mit dem Gedanken gespielt, Mathematik zu studieren, stand mit dem Abitur mein Wunsch fest, Altphilologe zu werden.

Nach all den Jahren von Numerus Clausus und anderen Restriktionen kann man sich unsere Situation von 1954 kaum mehr vorstellen. **Alle Türen standen offen.** Jeder konnte studieren, was er wollte. Beim Staat, in der Wirtschaft, überall nach dem Krieg wurden junge Menschen gebraucht. Ich habe sehr viel später bei einem Klassentreffen zu einem unserer Angeber, der die heutige Jugend schlecht machte, einmal gesagt: Hör auf damit, wir konnten eine erfolgreiche Karriere kaum vermeiden. Dazu gehört freilich auch der Hinweis, dass damals weniger als fünf Prozent eines Jahrgangs Abitur machten.

Ich bin gerne zur Schule gegangen. Im Laufe meines späteren Lebens wurde mir immer deutlicher bewusst, was ich der Schule und guten Lehrern zu verdanken habe. Meine Eltern kamen aus kinderreichen armen Bauernfamilien. Ich war der erste, der auf die höhere Schule ging. Wie oft habe ich mich in den Anfangsjahren am Gymnasium mit Bemerkungen blamiert, die meinen – heute würde man sagen bildungsfernen Hintergrund bloßlegten. Da galt es viel aufzuholen. Der Schule habe ich die für das spätere Leben, nicht nur im Beruf, erforderlichen Grundlagen zu verdanken. Erst im Laufe der Zeit habe ich verstanden, wie sehr etwa über die lateinische Sprache das logische Denken eingeübt wird. Die Schule hat darüber hinaus in mir eine Neugier auf alles mir Unbekannte erweckt, eine Neugier, die mir bis ins hohe Alter geblieben ist. Langeweile kann damit gar nicht erst aufkommen.

Etwas anderes ist mir später im Rückblick auf die Schulzeit zunehmend aufgefallen. Allzu schnell wird heute der Titel »unabhängiger Kopf« verliehen, wenn jemand in purer Unkenntnis zu allem und jedem kritische Bemerkungen abgibt. Ich bin davon überzeugt, dass man nicht zuletzt über die Bildung, die das humanistische Gymnasium vermittelt hat, lernte, sich erst einmal zu informieren, sich mit der Sache näher zu beschäftigen, bevor man mit kritischen oder auch zustimmenden Bemerkungen hervortritt. Das ist im Übrigen auch die Basis, auf der man dann bereit ist, Gegenargumente ernst zu nehmen.

5.

EIN FAMILIENBETRIEB

Nach ihrer Heirat pachteten meine Eltern, wie schon erwähnt, in Würzburg die Gaststätte Erzherzog Karl. Am 27. März 1936 kam ich zur Welt. Mein Vater wurde bald zur Wehrmacht eingezogen. Ich habe ihn also nur während der kurzen Urlaube gesehen. Nachdem auch mein Onkel Kriegsdienst leisten musste, führten meine Mutter und ihre Schwester den Betrieb. Im Krieg wurde Würzburg lange Zeit von Bombenangriffen verschont. Von den zum Ende hin immer häufigeren Nächten im Luftschutzkeller abgesehen, durfte ich eine unbeschwerte Kindheit erleben, die mit der Zerstörung Würzburgs und unserer Evakuierung ein jähes Ende fand.

Mit der **Übernahme der Gastwirtschaft in Zell** begann dann eine neue Zeit. Schon bald musste ich dort mithelfen. In Erinnerung bleibt mir der Dienst als todmüder Elfjähriger im Fasching an der »Bar« – einem notdürftig gezimmerten Holzgestell – bis zwei, drei Uhr in der Nacht. Jahre nach meinem Ausscheiden aus der EZB erhielt ich einen Brief, der über die Adresse von Bundesbank und EZB schließlich bei mir eintraf. Darin fragte ein früherer GI, ob der Otmar Issing, wegen seiner Karriere als Wissenschaftler und Notenbanker ausführlich erwähnt in einem beigefügten Artikel aus dem *Economist*, der Junge ist, der ihn seinerzeit im Gasthaus in Zell bedient hatte. Es war nämlich so, dass die US-Armee die Kasernen jenseits des Mains bezogen hatte und die GIs des Öfteren nach Zell kamen, um ein Bier zu trinken oder auch um ihr Weißbrot zu unserer Freude gegen Schwarzbrot einzutauschen. Bei dieser Gelegenheit lernte ich die ersten Brocken Englisch. Voller Stolz saß ich im Jeep, als mich die Soldaten in ihre Kaserne mitnahmen, wo ich zum ersten Mal Truthahn und Süßkartoffeln kennenlernte. Diese unerwartete Begegnung mit der lange zurückliegenden Vergangenheit durch den Brief eines amerikanischen Veteranen hat mich tief berührt. Ich habe mich gemeldet und auf seine häufigen Briefe gelegentlich geantwortet.

Meine Eltern wollten unbedingt nach Würzburg zurück und pachteten 1952 eine **Gastwirtschaft in der Innenstadt**. Die Verhandlungen über den Kauf scheiterten, als ein Viehhändler 60.000 DM in bar auf den Tisch legte. So viel Geld auf einem Haufen hatte ich noch nie gesehen. Zwei Jahre später konnten wir dann eine Wirtschaft in der Nähe erwerben. Diese war ziemlich heruntergekommen, bis sie dann als **Issings Gaststätte** viele Gäste anzog. Ausschlaggebend war die gute Küche meiner Mutter. Niedrige Preise und große Portionen lockten vor allem die Bauern an, die in die Stadt kamen, sowie viele Studenten, die sich einmal satt essen wollten.

Der Kauf stand finanziell am Anfang auf der Kippe. Als ein Wechsel über 5.000 DM »platzte«, drohte das Ganze zu scheitern. Meine Mutter ließ sich nicht abweisen und verlangte den Direktor der Sparkasse zu sprechen. Dieser kannte sie noch von früher und mit der Bemerkung, »Sie sind eine tüchtige Frau« verlängerte er den Kredit. Ausschlaggebend für das sprichwörtliche Überleben und den späteren bescheidenen Erfolg war der **totale Einsatz aller Familienmitglieder**. Für meinen Vater, der in führenden Häusern gelernt hatte, war es im Grunde demütigend, in der kleinen Gaststätte Tag für Tag zu bedienen. Meine Mutter stand jahrzehntelang regelmäßig von sechs Uhr morgens bis oft nach Mitternacht in der Küche, über viele Jahre mit offenen Beinen. Und das täglich, denn wir hatten für lange Zeit nur am ersten Weihnachtsfeiertag geschlossen. Es fällt mir schwer, an dieser Stelle auch nach so langer Zeit nicht den Emotionen freien Lauf zu lassen. Meiner Mutter habe ich alles zu verdanken. Ihr Motto war: Meine Kinder sollen es einmal besser haben. Für sie, die kaum ein Buch gelesen hat, war ein erfolgreicher Schulbesuch das A und O für eine erfolgreiche Zukunft ihrer Kinder.

Der permanente Einsatz in der Gastwirtschaft war selbstverständlich. So hatte ich fast jeden Sonntag Dienst. Während der Semesterferien arbeitete ich dazu als Werkstudent. Das verdiente Geld ging ohne Diskussion in die Familienkasse. Wenn ich während des Semesters mit dem Fahrrad in der Mittagspause nach Hause fuhr, geschah es nicht selten, dass ich bedienen musste und nicht zum Essen kam und mit einem Brot in der Hand zurück zur Uni fuhr. Zu Messezeiten rückten wir zusammen, um zwei Zimmer vermieten zu können.

Zwischen **meinen Geschwistern** und mir besteht ein Altersunterschied von acht bis vierzehn Jahren. Als »großer Bruder« und angesichts der Tatsache, dass meine Eltern in der Wirtschaft unentbehrlich waren, musste ich umfassende Verantwortung für meine so viel jüngeren Geschwister übernehmen, sei es in der Schule, beim Arztbesuch oder im Alltag. Bevor ich mich samstagabends mit meiner Freundin treffen konnte, musste ich die drei jüngeren noch baden – man kann sich vorstellen, mit welcher »Intensität« der Vorgang ausfiel. Als die Geschwister größer wurden, übernahmen sie selbstverständlich ihren Beitrag in Küche und Gastwirtschaft.

Diese Zeit hat uns zu einer verschworenen Gemeinschaft zusammengeschweißt. Wenn wir uns treffen, gehen auch heute noch regelmäßig die Gedanken und Gespräche in die damalige Zeit zurück. Und nie geschieht dies mit einem Ton des Mitleids oder Bedauerns. Wir haben mit dem Zwang zur Arbeit nie gehadert. Wir wussten, wir kommen nur mit totalem Einsatz durch diese Zeit. Wichtig für uns ist noch ein anderer Umstand: Unsere kleine Wirtschaft hatte nur vier Tische. Der Stammtisch stand so nahe an der Theke, dass man alles, aber auch alles mithören konnte, besser musste. Bei den Kartenspielern mussten wir schon in frühem Alter einspringen. Wenn ich heute höre, was alles in der DDR-Diktatur gut und oft sogar besser als in der »BRD« war, muss ich unwillkürlich an die Erfahrungen in unserer Kneipe denken. Wie oft habe ich mir anhören müssen, dass »unter dem Hitler nicht alles schlecht war«. Schließlich hat er die Autobahn gebaut und nachts konnte man sicher durch die Straßen laufen. Es galt zum Beispiel auch zu beobachten, wenn ein Glas am Rande stand. Es rechtzeitig wegzurücken, ohne dass der Gast sich beleidigt fühlen konnte, zählte zu den leichteren Aufgaben. Fast täglich konnte man am Abend beobachten, wie mit steigendem Alkoholgenuss vorher vernünftige Leute begannen, zunehmend Unsinn zu reden. Typisch auch die Erfahrung, dass die Medizinstudenten dann begannen, von der »Ethik« ihres Berufs zu sprechen.

Im Rückblick kommt mir diese stetige Begegnung mit Menschen aller Art und jeden Alters wie ein **langjähriger Kurs in praktischer Psychologie** vor. Jedenfalls haben wir schon – zwangsläufig – in jungen Jahren gelernt, Menschen zu beobachten und ihr Verhalten einzuschätzen. Wir haben uns das nicht ausgesucht, aber wir fünf möchten diese harte Lehrzeit nicht missen.

6.

VON DER ALTPHILOLOGIE ZUR NATIONALÖKONOMIE

Zum Wintersemester 1954/55 schrieb ich mich zum Studium der Altphilologie mit den **Fächern Latein und Griechisch an der Julius-Maximilians-Universität Würzburg** ein. Da für den Zugang zum Lehramt am Gymnasium in Bayern der Abschluss in drei Fächern Voraussetzung war, nahm ich noch Deutsch hinzu. Schließlich war auch ein erfolgreiches Philosophikum nachzuweisen. Ohne jede Anleitung belegte ich vorzugsweise Veranstaltungen, die mit »privatissime sed gratis« gekennzeichnet waren. Damals kostete noch jede Semesterwochenstunde zwei D-Mark, bei knappen Mitteln lag diese Entscheidung nahe. Wie ich allerdings bald feststellen musste, waren solche Seminare nur für höhere Semester gedacht. Die Immatrikulation verlief einfach nach dem Prinzip, dass sich jeder Student selbst zurechtfinden muss.

Das erste Semester dämpfte bereits meine hohen Erwartungen. Im Laufe des zweiten Semesters wurde mir jedoch zunehmend klar, dass ich mir falsche Vorstellungen vom Studium der alten Sprachen gemacht hatte. Die größte Enttäuschung erlebte ich in einer Vorlesung zu Tacitus' *Germania*. Dort setzte sich der Dozent geschlagene 60 Minuten mit der Frage auseinander, ob an einer Stelle ein »S« stehen muss oder nicht. Zwar hing der Sinn des Satzes durchaus von der Antwort auf diese Frage ab. Als der Latinist aber am Ende feststellte, man könne dieses Problem nicht endgültig klären, war meine **Entscheidung gefallen, dieses Studium aufzugeben**.

Vorlesungen zum Minnesang und vor allem zur *Politik* des Aristoteles erfüllten durchaus meine Erwartungen. Der Höhepunkt dieses Studiums war ein Seminar zu Homers Ilias. Der im Fach hochangesehene Gräzist Dirlmeier stellte höchste Ansprüche. In unserer kleinen Gruppe von ca. 10 bis 15 Studenten musste man sich für jede Stunde sorgfältig auf rund 200 Strophen vorbereiten. Wie in der Schule wurde man nach nicht vorhersehbaren Kriterien aufgerufen. Ich erinnere mich noch sehr gut daran, wie Professor Dirlmeier vor Weihnachten erklärte, wer sich im neuen Jahr beim Lesen (!) des griechischen Textes verspricht, könne nicht länger teilnehmen. Eine solche Nachlässigkeit gegenüber diesem großartigen Werk könne er nicht tolerieren, wir seien hier schließlich auf der Suche nach der Weisheit. Als er dann mit aller nur denkbaren Geringschätzung in der Stimme das »ach so lebensnahe Fach Nationalökonomie« erwähnte, derentwegen einer der Teilnehmer das Seminar verlassen hatte, kam bei mir zum ersten Mal die leise Ahnung auf, das könne vielleicht etwas für mich sein.

Der Besuch der wegen der geringen Teilnehmerzahl sehr intimen Seminare zu Italienisch und zu den frühen Symphonien Mozarts zählt ebenfalls zu den erfreulichen Erinnerungen. Insgesamt überwog jedoch die Enttäuschung – zurückgehend auf falsche Erwartungen von meiner Seite. Zu meinem Entschluss, dieses Studium aufzugeben, kam auch die aus Nachhilfestunden gewonnene Erkenntnis, ich würde kaum die Geduld aufbringen, die später im Lehramt erforderlich sein würde.

Ich war gescheitert, deprimiert. Ich hatte das Studium der Altphilologie mit wie ich meinte klaren Vorstellungen begonnen und zu keinem Moment an Alternativen gedacht. Was sollte ich jetzt tun? Finanziell waren wir nicht auf Rosen gebettet. In meiner Ratlosigkeit, ja Verzweiflung ging ich zur Vereinsbank Würzburg, um mich um eine Stelle zu bewerben. Der Direktor schaute auf mein Abiturzeugnis und sagte nur, kommen Sie nach dem Studium wieder zu mir. Als ich zufällig einen früheren Klassenkameraden traf und ihn fragte, was er mache, lautete seine Antwort: Ich studiere Volkswirtschaftslehre. Ich wollte von ihm wissen, was es damit auf sich hätte. Er schlug vor, ihn zum Besuch einer Vorlesung zu begleiten. **Diese Stunde hat mein Leben verändert**. Es ging um eine Übung in Volkswirtschaftslehre, bei der der Dozent durch die Reihen ging und immer wieder eine Frage stellte, bei der der Student einen Satz vervollständigen sollte. Es traf sich, dass er ausgerechnet bei mir zwei Mal stehen blieb und den Eindruck eines völligen Versagers gewinnen musste, da ich natürlich nicht in der Lage war, die notwendigen Worte zu finden. Von diesen Schreckmomenten abgesehen, faszinierte mich von Anfang an die stringente Logik im Vortrag des Dozenten, ein Eindruck, der sich beim Besuch weiterer Vorlesungen bestätigte. Was für ein Gegensatz zu den oft wolkigen Ausführungen etwa der Philosophen. Professor Erich Carell, dessen Lehrbuch »Allgemeine Volkswirtschaftslehre« in vielen Auflagen erschienen und in ganz Deutschland verbreitet war, bestach durch absolute Disziplin in Sprache und Gedankenführung. Das war nicht unterhaltsam, aber intellektuell beeindruckend. Er vermittelte mir auch die Sinnhaftigkeit der Pünktlichkeit. Als ich am Anfang nämlich einmal deutlich zu spät zur Vorlesung kam, bestellte er mich zu sich, um mir zu erklären, ich könne seine Vorlesung besuchen oder es sein lassen, aber die Störung durch das Zuspätkommen könne er nicht tolerieren.

Auch wenn nicht alle Fächer und schon gar nicht alle Vorlesungen das gleiche Niveau erreichten, mit der **Volkswirtschaftslehre** oder wie es damals auch hieß **Nationalökonomie hatte ich mein Studium gefunden.** Schritt für Schritt erschloss sich mir ein Fach, das mich in der Breite und Wichtigkeit des Gegenstandes von der Arbeitslosigkeit, Inflation, Fragen der Einkommensverteilung oder der Globalisierung bis zum heutigen Tag fasziniert. Parallel machte ich mich daran, mein Englisch zu verbessern und Grundkenntnisse in Französisch zu vertiefen.

In den Zeiten wegen der Corona-Pandemie geschlossener Universitäten habe ich das Schicksal der Studierenden nicht zuletzt deswegen bedauert, weil sie möglicherweise um das Erlebnis dauerhafter Freundschaften gebracht wurden, die gerade während des Studiums begründet werden. An einer kleineren Universität konnte man rasch Kommilitonen näher kennenlernen und Freundschaften fürs Leben schließen. Der Beginn einer Freundschaft ist mir noch heute in lebhafter Erinnerung. Nach dem Ende einer Übung in Volkswirtschaftslehre, in der die Klausuren zurückgegeben wurden, wendete sich ein mir bis dahin unbekannter Kommilitone an mich. Er war aus Köln gekommen und entsetzt über die Note ausreichend in seiner Klausur. Ein anderer Student hatte ihm geraten, er solle sich einmal an mich wenden. Ich habe ihm seine Fehler erklärt und mich dann mit dem Hinweis verabschieden wollen, ich müsse dringend nach Hause. Er schloss sich mir an und an jeder Stelle, wo sich unsere Wege hätten trennen können, folgte er mir weiter. Schließlich kamen wir in die Nähe unserer Gastwirtschaft und er erklärte mir, er sei auf dem Weg zu einer Kneipe, in der es gutes und billiges Essen gäbe. Der Wirt sei sehr nett, aber die Wirtin sei ein Drache. Als er zusammen mit einigen Kommilitonen am Vorabend – Faschingsdienstag – kurz vor Mitternacht noch etwas essen wollte, habe der Wirt sie hereinlassen wollen, aber seine Frau hätte von oben aus der Küche gerufen: Geht dort zum Essen hin, wo ihr euren Rausch herhabt. Ich sagte ihm, das war meine Mutter, ich hatte nämlich hinter ihr gestanden. Er war geschockt, aber dann mussten wir beide lachen. Dem **Beginn einer wunderbaren Freundschaft** hat diese Begebenheit nicht im Wege gestanden.

Neben der selbstverständlichen Tätigkeit in unserer Gastwirtschaft verdiente ich Geld als Werkstudent während der Semesterferien. Als damals das Modell »Honnef« eingeführt wurde, erhielt ich ein kleines Stipendium. Voraussetzung dafür war neben der finanziellen Notlage eine erfolgreich bestandene Sonderprüfung – das war damals selbstverständlich. Ich empfand tiefe Dankbarkeit gegenüber einem Staat, der mir ein (weitgehend) kostenloses Studium erlaubte und jetzt auch noch eine finanzielle Unterstützung gewährte.

An meinen brennenden Wunsch, *zum Studium ins Ausland zu gehen*, war leider nicht zu denken. Das scheiterte schon am nötigen Geld. Vor allem aber konnte ich meine Mutter mit der Wirtschaft und den vier Geschwistern nicht lange alleine lassen. So reichte es nur zu zwei Studienaufenthalten in den Semesterferien. Die Fahrt nach **London** bestritt ich unter abenteuerlichen Umständen und die Folgen der geringen finanziellen Mittel haben vermutlich meine Gesundheit untergraben mit gravierenden späteren Folgen. In **Paris** verbrachte ich zwei Monate in der Cité Universitaire im Maison de la Tunisie. Dort habe ich mit einer ganzen Reihe von Nordafrikanern gute Beziehungen gepflegt. Ich habe aber auch deren abgrundtiefen Hass auf die alte Kolonialmacht erlebt. Es war die Zeit, in der der Krieg in Algerien seinen Höhepunkt erreichte und jeden Tag, jede Nacht französische Polizisten erschossen wurden. Beim Frühstück feierten die arabischen Studenten, als Stipendiaten in Frankreich, jeden Mord. Wie ich dann erfahren musste, war ihr Hass auf die Juden noch größer. Offenbar glaubten sie, dass ich als Deutscher ihre Einstellung teilte. Unsere Beziehung endete abrupt, als ich bei einer Diskussion mein Entsetzen über den Holocaust ausdrückte.

In Erinnerung bleibt mir auch eine Großkundgebung, bei der de Gaulle seine Rückkehr an die Spitze der Republik ankündigte.

Waren diese beiden Aufenthalte im Ausland auch kein Ersatz für ein Auslandsstudium, haben Sie mir doch viele, für mein Leben wichtige Erfahrungen gebracht.

Im Frühjahr 1960 schloss ich dann mein Studium mit der Gesamtnote gut ab. Die Prüfung schriftlich und mündlich erstreckte sich auf sechs Fächer: Volkswirtschaftslehre, Volkswirtschaftspolitik, Finanzwissenschaft, Betriebswirtschaftslehre, Statistik und Recht. Enttäuscht war ich von meiner Note gut in Volkswirtschaftslehre. Ich habe mir später als Assistent Zugang zu meiner Examensarbeit verschafft und kam zum Ergebnis, dass ich mir eine bessere Lösung nicht vorstellen konnte. Den Grund für die Bewertung fand ich bald heraus. Bei der vergleichsweise geringen Zahl von Examina in diesem Fach war es nicht schwer festzustellen: Kein einziges Mal hatte Carell, ob im Examen oder in Übungsklausuren, die Note 1 vergeben. Diese Erfahrung deckte sich mit denen aus der Zeit der Volksschule. Übrigens galt diese »Enthaltsamkeit« in der Notengebung bei Professor Carell nur nach »oben«. Nach »unten« kannte er keine Scheu. Man mag von dem damaligen System halten, was man will. Gute Noten waren überall eine Empfehlung.

7.

SPORT UND KRANKHEIT

Die Begeisterung für den Sport war mir gleichsam in die Wiege gelegt. Wo es ein Plätzchen gab und ein Ball verfügbar war, haben wir Fußball gespielt, auch wenn es meist nur ein alter Tennisball war, den irgendeiner von uns irgendwo aufgegabelt hatte. In der vorletzten Klasse am Gymnasium stellte sich dann im Schulsport heraus, dass **ich ein schneller Läufer war**. Den ersten großen Erfolg feierte ich 1954 bei den DJK-Bundesspielen im Stadion Rote Erde in Dortmund, als ich zu aller Überraschung den 100m-Endlauf gewann. Das brachte mir die Teilnahme an den FICEP-Spielen in San Sebastian ein. In einer Zeit, in der schon mein Urenkel mit seinen Eltern in den Urlaub geflogen ist, klingt das nicht gerade aufregend. Damals versprach diese Einladung ein großes Erlebnis. Mit Müh' und Not schaffte ich es gerade so, die Reisedokumente zusammenzubringen. Im neu errichteten Stadion zogen dann die Mannschaften wie bei der Olympiade am damaligen Staatschef Franco vorbei. Das Meeting war glänzend besetzt. Ich schlug mich wacker, aber gegen den späteren französischen Europameister hatte nicht nur ich keine Chance. Auf der Busfahrt durch Frankreich hatte ich zusammen mit zwei Freunden ein Erlebnis, das uns daran erinnerte, dass das Ende des Krieges noch nicht so lange zurücklag. Unbeschwert betraten wir in einem kleinen Ort eine Bäckerei, um Brot zu kaufen. An unserem bescheidenen Französisch waren wir unschwer als Deutsche zu erkennen. Die harsche, zornige Reaktion des Bäckers veranlasste uns, den Laden fluchtartig zu verlassen. Erst danach haben wir erfahren, dass die SS in der Gegend schlimm gewütet hatte.

Die Unterfränkische Meisterschaft, ein zweiter Platz bei den Bayerischen Juniorenmeisterschaften – und das bei mehr als bescheidenen Trainingsmöglichkeiten – versprachen eine erfolgreiche Karriere. Wettkämpfe im Ausland waren die Höhepunkte. **Eine Erkrankung, die in einem Blutsturz kulminierte**, setzte solchen Hoffnungen dann ein jähes Ende. Ich werde nie vergessen, wie sich nach meiner Einlieferung ins Krankenhaus zwei Patienten über meine Trage beugten und beim Anblick eines neuen Blutsturzes der eine sagte: Der macht es nicht mehr lang. Die niederschmetternde Diagnose lautete: Schwere Tuberkulose mit ungewissem Ausgang.

Ob sich der Traum von einer erfolgreichen Karriere als Leichtathlet erfüllt hätte, sei dahingestellt. Jedenfalls traf mich das plötzliche Ende wie ein riesiger Schock. In dem Moment ahnte ich – glücklicherweise – nicht, dass der Genesungsprozess ein ganzes Jahr in Anspruch nehmen würde. Nach der Überweisung in ein Krankenhaus in St. Blasien im Schwarzwald tauchte ich in **die ganz eigenartige Welt der Tuberkulosekranken** ein. Tagtäglich galt es, möglichst viele Stunden auf der Liege im Freien zu verbringen. Die absolute Ereignislosigkeit bewirkt einen schleichenden Mentalitätsverlust. Wenn ich Zeitung las, war mir schon bald nicht mehr bewusst, was ich auf der vorherigen Seite gelesen hatte. Die Zeit treibt am Tag endlos dahin, während Wochen und Monate im Eiltempo vergehen. Auch wenn sich das sehr bescheidene Krankenhaus nicht entfernt mit dem Luxus in Thomas Manns Zauberberg vergleichen lässt, bleibt das orientierungslos in den Tag Hineinleben das gleiche prägende Element. Für nicht wenige gibt es aus dem schmerzfreien, scheinbar sorglosen Zustand nur schwer ein Entrinnen.

Nach einiger Zeit der totalen Lethargie wurde mir klar, dass ich dringend etwas dagegen unternehmen musste. Ich begann mit dem Training des Gedächtnisses. Zunächst habe ich Gedichte auswendig gelernt und zum Schluss alles, was mir in die Hände fiel. Schließlich korrigierte ein Leidensgenosse aus dem Elsass meine Französischaufgaben.

Im Rückblick verdanke ich dieser **Phase langer Krankheit den Abschied von jugendlichen Träumen** und die Erkenntnis über die wirklich wichtigen Dinge in meinem Leben. Wesentlich geholfen hat mir dabei meine damalige Freundin und spätere Frau, die auch zu einer Zeit zu mir stand, als eine völlige Heilung alles andere als sicher gelten konnte. Sehr viel später habe ich bei Nietzsche über die Wechselwirkung von Krankheit und Entwicklung als Person gelesen, nicht zuletzt mit seiner Aussage im Ecce Homo, dass erst die Krankheit ihn zur Vernunft gebracht hat. Jedenfalls hat mich diese Zeit gelehrt, dass auch aus sehr negativen Erlebnissen Gutes erwachsen kann.

Nach der Genesung konnte ich mein Studium wieder aufnehmen, nun mit voller Konzentration, auch Sport wurde wieder möglich. Eine besondere Gelegenheit dazu bot das Kräftemessen mit meinen sehr viel jüngeren Brüdern. Daraus entstand **ein Familiensportfest**, zu dem wir auch Freunde eingeladen haben, das im Jahre 2023 sein 50. Jubiläum feierte. Längst bestimmen unsere Söhne und Enkel das Geschehen. Bei dieser Gelegenheit stellte sich übrigens beim 100m-Lauf bald heraus, dass ich immer noch schnell rennen konnte. Auf Drängen meines Sohnes trat ich zu den Seniorenmeisterschaften an mit dem Ergebnis von zahlreichen unterfränkischen und bayerischen Meisterschaften sowie zwei dritten Plätzen bei den deutschen

Meisterschaften. Im Alter von 50 Jahren lief ich immerhin noch 11,8 Sekunden über die 100m.

Sport, Tennis, Laufen, Schwimmen begleiten mich bis in meine alten Tage. Dem Sport verdanke ich körperliche Gesundheit, Kampfgeist, Ausdauer und Sinn für Fairness. Das sind alles **Eigenschaften, die der Sport als Erfahrung fürs Leben** vermittelt. Wie es der Zufall so wollte, habe ich am 20. Juni 1954 bei den Unterfränkischen Jugendmeisterschaften der Leichtathletik die Liebe meines Lebens kennengelernt, mit der ich inzwischen 63 Jahre verheiratet bin – wenn man so will der schönste und nachhaltigste Erfolg meiner Sportlerkarriere.

8.

DIE ASSISTENZ-ZEIT

In der Pause der mündlichen Diplomprüfung sprach mich ganz unüblich und für mich völlig überraschend Professor Carell an und fragte mich, ob ich sein **Assistent werden möchte**. Meine Freude hätte nicht größer sein können, war dies doch der einzige Weg, eine Promotion, mein großer Wunsch, zu finanzieren. Kurz darauf trat ich die Stelle an. Studenten, die von anderen Universitäten kamen, machten mir mit ihren Fragen bewusst, wie schmal das Vorlesungsangebot in Würzburg war. Regelmäßig suchte ich die Bibliothek auf, um im Selbststudium meine Kenntnisse zu erweitern.

Carell verfügte nur über eine Assistentenstelle, obwohl er dank seiner herausragenden Position an der Universität leicht mehrere hätte erhalten können. So gab es viel Arbeit bei einem sehr anspruchsvollen Chef. Dafür waren allein schon die Fahnenkorrekturen für sein laufend in Neuauflagen erscheinendes weit verbreitetes Lehrbuch verantwortlich. Carell war in vielerlei Hinsicht ein außergewöhnlicher Mensch. Persönlich unnahbar, korrekt bis ins Extrem. In einer Zeit, in der meine Assistentenkollegen das Auto ihres Chefs waschen oder die Tochter ausführen mussten, wäre ihm nicht in den Sinn gekommen, irgendeine auch noch so kleine Leistung für ihn persönlich zu verlangen. Die Unnahbarkeit hatten schon meine Vorgänger erfahren. So bekam jeder Assistent nur einen Vertrag über ein Jahr. Dieser lief dann stillschweigend ohne Vorankündigung aus. Carell war der Auffassung, man müsse jedem dafür Geeigneten eine Chance geben.

Nachdem ich inzwischen geheiratet hatte und Nachwuchs unterwegs war, stand ich unter starkem Druck. So legte ich ein Jahr später ohne jede vorherige Andeutung meine Dissertation vor, die Carell zu der Bemerkung veranlasste: So, ist es schon soweit? Das Thema der Dissertation **»Monetäre Probleme der Konjunkturpolitik in der EWG«** sollte mich später mein ganzes berufliches Leben begleiten, was mir damals natürlich nicht bewusst sein konnte. Die Dissertation erschien dann auch als Buch und präsentierte die These, dass autonome Konjunkturpolitik bei festem Wechselkurs und freiem Kapitalverkehr nicht miteinander vereinbar sind. Diese Erkenntnis wurde später in der Literatur zum »uneasy triangle« erklärt und erregte großes Aufsehen. Eine Veröffentlichung auf Deutsch fand schon damals keine Aufmerksamkeit.

Dann begann eine Zeit des Wartens. Inzwischen war es mein sehnlichster Wunsch, **eine akademische Laufbahn einzuschlagen**. Meinen Chef danach zu fragen, schien geradezu undenkbar. Glücklich verheiratet, mit Frau und Kind, galt es die berufliche Zukunft zu sichern. Als ich eines Tages nach Hause kam, berichtete mir meine Frau von einer Stellenanzeige in der FAZ. Die Zeitung hatte sie schon in den Ofen gesteckt, um später anzuheizen. Ich habe das Papier wieder herausgenommen und mich daraufhin bei Professor Welter an der Universität Mainz, Mitherausgeber der FAZ, beworben. Die Aussichten standen sehr gut, als mich Carell eines Tages ganz nebenbei und unvermittelt fragte, ob ich mich nicht bei ihm habilitieren wolle.

Wie meine Dissertation ist dann auch meine Habilitationsschrift **»Leitwährung und internationale Währungsordnung«** als Buch erschienen. Die Arbeit geht von den historischen Erfahrungen mit führenden Währungen aus und enthält eine Theorie der Leitwährung. Die Entwicklung des US-Dollars bestätigt die Ergebnisse dieser Analyse.

Der Zweitgutachter, der glaubte, seine Differenzen mit dem dominanten Carell an mir auslassen zu müssen, verweigerte zunächst die Annahme mit der vagen Begründung, die Arbeit benötige noch mehr »Tiefe«. Aus dem kurzen Gespräch mit ihm wurde mir schnell klar, dass er meine Arbeit nicht gelesen hatte. Ich bedankte mich für den Rat und reichte den nur um zwei Überschriften geänderten Text nach zwei Monaten wieder ein. Er ließ mich glücklicherweise nicht lange warten und nahm die Arbeit an mit dem Hinweis, die von ihm geforderte Überarbeitung sei dem Text gut bekommen, wofür ich mich herzlich bedankte. Nach einem Kolloquium und einer Probevorlesung wurde ich schließlich im Februar 1965 zum **Privatdozenten für Volkswirtschaftslehre und Wirtschaftspolitik ernannt.**

Das bedeutete, dass ich eine Lehrverpflichtung von zwei Wochenstunden übernehmen musste. Ansonsten blieb ich weiter Assistent bei Carell, das war die Stelle, auf der ich mein Gehalt bezog. Carell war in Würzburg nicht nur an der Fakultät die dominante Figur, er wurde zu dieser Zeit auch zum Rektor gewählt. Nach außen pflegte er aber so gut wie keine Kontakte. Für mich standen damit die Aussichten auf einen Ruf an eine andere Universität alles andere als gut. Als ich eine **Anfrage der Universität Marburg** für eine Lehrstuhlvertretung im Wintersemester 1965/66 erhielt, zögerte ich nicht lange anzunehmen. Ich musste mich bekanntmachen, auch wenn die Anfrage »sine spe«, also ohne Aussicht auf eine Berufung erfolgte, da der Lehrstuhl für das folgende Sommersemester schon vergeben war. So hatte ich in einem Semester neben meinen Verpflichtungen in Würzburg in Marburg nicht nur sechs Wochenstunden Vorlesung und Übung zu leisten, sondern auch noch ohne Assistenten zweimal rund 200 Klausuren zu korrigieren. Letztere Aufgabe war über die reine Arbeit hinaus auch deswegen unerfreulich, weil eine große Zahl von Studenten auf einen, sagen wir sehr »nachsichtigen« Prüfer hoffte – mit dem Resultat vieler schlechter Noten. Ein bei den Studenten sehr beliebter älterer Professor sprach mich bei meinem Abschied auf dieses »desaströse pädagogische Ergebnis« an. Unbeeindruckt erwiderte ich: Ungerechtfertigt gute Noten scheinen mir kein überzeugender Ausweis pädagogischen Erfolgs zu sein.

Ein Kuriosum ist mir in Erinnerung geblieben. Ich fuhr jeweils am Sonntagabend mit dem Zug nach Marburg und übernachtete in einer sehr einfachen Pension. An einem Montag zerriss ich beim Anziehen meine Hose an einer sehr ungünstigen Stelle. So konnte ich nicht vor die Studenten treten. Ich musste warten, bis ein Kaufhaus um 9 Uhr seine Türen öffnete und ein glücklicherweise anwesender Schneider den Schaden beheben konnte. Ich kam also viel zu spät und wurde von den Studenten, die einen pünktlichen Beginn gewohnt waren, gnadenlos ausgepfiffen. Instinktiv tat ich das Richtige und fragte, ob sie den Grund meiner Verspätung wissen wollten. Ich erklärte den Vorfall und erntete für meine Offenheit Beifall, eine Erfahrung, die sich auch später bei vielen anderen Gelegenheiten bewährte.

Am Ende dieses Semesters war ich das einzige Mal im Leben völlig am Ende meiner Kräfte. Schließlich hatte ich meine Vorlesungen quasi aus dem Nichts vorbereiten müssen. Das bedeutete zum Beispiel, dass ich bereits am zweiten Weihnachtsfeiertag schon wieder am Schreibtisch saß.

Im Frühjahr 1966 erreichte mich eine **Anfrage der Nürnberger Fakultät**, ob ich die Vertretung eines Lehrstuhls übernehmen würde. Selbstverständlich sagte ich zu, vor allem, weil ich mir die Chance auf eine spätere Berufung nicht entgehen lassen wollte. Der damalige Nürnberger Dekan Professor Recktenwald bestätigte mir prompt die Vereinbarung und schloss seinen Brief mit der merkwürdig anmutenden Bemerkung: Wir hoffen, Sie trotz Ihres Schreibens bei guter Gesundheit zu wissen. Erst nach mehrmaliger Durchsicht meines relativ kurzen Briefs fand ich die Erklärung. Mein Schreiben hatte geendet: »Mit den besten Grüßen verbleiche ich, Ihr ...«. Vermutlich hatte ich keinen Brief vorher oder nachher so sorgfältig durchgelesen, und dann sowas. Dieser Fauxpas war später des Öfteren Anlass für allgemeine Heiterkeit.

9.

ALS JUNGER PROFESSOR IN NÜRNBERG

So fuhr ich denn zum Anfang des Sommersemesters 1966 mit dem Zug nach Nürnberg, um meine erste Vorlesung zu halten. Im Hörsaalgebäude in der Findelgasse herrschte Hochbetrieb. Ich fragte den erstbesten Studenten nach dem Hörsaal X. »Das trifft sich gut, da will ich auch hin, kannst mit mir kommen«. Als die Glocke das Ende der Pause einläutete sagte er: »Jetzt müssen wir uns beeilen, sonst kommen wir zu spät«. Meine Antwort. »Bevor wir beide nicht da sind, geht es nicht los«. Vermutlich hat er mich für nicht ganz zurechnungsfähig gehalten. Beim Eintritt in den mit ca. 200 Studenten voll besetzten Hörsaal sagte er: Komm mit, ganz hinten ist immer noch ein Platz frei. Als ich stattdessen zum Pult ging, war er völlig konsterniert. Nun, die Gefahr, dass ich mit einem Studenten verwechselt wurde, sollte sich im Laufe der Zeit verlieren.

Die Nürnberger Fakultät spiegelte in ihrer Zusammensetzung die Folgen des Kriegs wider. Neben den an der Grenze der Emeritierung Stehenden gab es eine große Mehrheit junger Professoren. Ich wurde von allen freundlich aufgenommen und im Juli des folgenden Jahres zum **ordentlichen Professor und Vorstand des Instituts für Internationale Wirtschaftsbeziehungen** ernannt.

Wegen der Einschulung unseres älteren Sohnes zogen wir rasch um und mieteten ein Reihenhaus in einem Nürnberger Vorort. Der Eigentümer war ein von Krieg und harter Arbeit gezeichneter Mann. Auf seinem großen Grundstück, das mit dem Ausweis als Bauland sehr wertvoll geworden war, war diese Siedlung errichtet worden. Einmal im Monat kam er – nach seiner stets wiederholten Ankündigung – nicht »zwecks der Miete«, aber natürlich genau deswegen. Das Mietbüchlein, auf dem er zunächst bestand, haben wir bald beiseite gelassen. Er trank eine Flasche Bier und erzählte mir sehr oft vom Krieg. Im Dorf berichtete er stolz von seinem »Obermieter«. Einmal überraschte er mich mit der Bemerkung, er habe nicht gewusst, dass ich Pfarrer sei. Seine Stammtischbrüder hatten ihn auf einen kleinen Beitrag in der Lokalzeitung aufmerksam gemacht, der berichtete, ich sei zum Dekan gewählt worden. Das Missverständnis ließ sich schnell aufklären. Ohne dass ich einen Anlass für seine Befürchtung gegeben hätte, wir hätten vor auszuziehen, verringerte er die monatliche Miete von anfangs 570 auf 420 D-Mark und besorgte uns auch noch mietfrei eine Garage.

In der durch einen angrenzenden Wald bereicherten Idylle wuchsen unsere **beiden Kinder in heute kaum mehr vorstellbarer Freiheit** auf. Nach der Schule machten sie schnell ihre Hausaufgaben und verschwanden bis zum Abendessen zum Spielen mit den Nachbarskindern. Mit dem Beruf ihres Vaters konnten sie lange nichts anfangen. Als der Lehrer den Sechsjährigen nach dem Beruf des Vaters fragte, gab er zur Antwort: Der ist Professor. Der Lehrer: Professor für was? Peter: Für Wissenschaft. Anders als die anderen Väter in der Reihenhaussiedlung war ich viel zu Hause, in den Semesterferien die meiste Zeit.

Wie ich später erfahren habe, setzte ein entfernterer Nachbar das Gerücht in die Welt, ich sei arbeitslos geworden. Mit meiner Frau als Mittelpunkt der Familie verbrachten wir eine glückliche Zeit. Aus unseren beiden Söhnen Peter und Frank sind wunderbare und erfolgreiche Männer geworden. Der eine als Professor der Medizin und Klinikdirektor, der andere als Ingenieur und IT-Spezialist. Zwei Enkel und drei Enkelinnen und inzwischen auch zwei Urenkel vollenden das Familienbild, wenn wir uns treffen.

Um mir ein Ziel für ein größeres Projekt zu setzen, schloss ich einen Vertrag mit dem (späteren) Vahlen Verlag über ein Lehrbuch zur Währungspolitik. Schon bald musste ich feststellen, dass ich vorher noch erheblich in die theoretischen Grundlagen investieren musste. Schließlich habe ich zunächst eine **Einführung in die Geldtheorie und anschließend eine Einführung in die Geldpolitik** geschrieben. Mit am Ende 15 bzw. 6 Auflagen wurden dies außerordentlich erfolgreiche Lehrbücher, die sogar ins Chinesische und Bulgarische (die Geldtheorie) übersetzt wurden. Noch heute treffe ich auf ehemalige Studenten von allen möglichen Universitäten, die mich auf das Studium meiner Bücher ansprechen. Als junger Professor nicht ahnen konnte ich, dass die Beschäftigung mit monetären Themen sehr viel später entscheidend zu meiner Karriere als Notenbanker beitragen würde.

Das Umfeld in Nürnberg, der ständige wissenschaftliche Austausch mit den Kollegen, große Zustimmung von Seiten der Studenten schufen eine stimulierende wissenschaftliche Atmosphäre, die sich in zahlreichen Publikationen, Einladungen zu Vorträgen im In- und Ausland niederschlug. Im Jahr 1970 lud mich der Inhaber des Vahlen Verlags zu einem Gespräch ein. Mit der Zeitschrift JuS hatte sein Verlag Beck eine überaus erfolgreiche Zeitschrift für Jurastudenten im Portefeuille. Seine Idee war es, ein ähnliches Produkt auch für Wirtschaftsstudenten auf den Markt zu bringen. Ich machte ihm klar, dass die Bedingungen im Wirtschaftsstudium völlig verschieden seien – für Jurastudenten war seine Zeitschrift wegen der Übersicht über die laufende Rechtsprechung nahezu unentbehrlich. Für eine Art Repetitorium stand ich nicht zur Verfügung. Zusammen mit dem Betriebswirt Erwin Dichtl, der gerade an die Fakultät berufen worden war, entwickelte ich ein Konzept in allen Einzelheiten vom Namen bis hin zur Farbe des Covers. Im Januar 1972 erschien dann die erste Nummer der **Zeitschrift WiSt – Wirtschaftswissenschaftliches Studium**, die 2022 ihr 50-jähriges Jubiläum feiern konnte. Als Herausgeber musste ich mich für die Themenauswahl mit der ganzen Breite des Fachs VWL beschäftigen und Kontakt zu einer Vielzahl von Kollegen aufnehmen. (Erwin Dichtl deckte das Gebiet der BWL ab.) Aus dieser Tätigkeit und der äußerst harmonischen und stimulierenden Zusammenarbeit erwuchs dann auch das vom Verlag gewünschte Projekt **»Vahlens Großes Wirtschaftslexikon«**. Ich habe aus dieser anspruchsvollen, aber auch zeitraubenden Tätigkeit sehr viel gelernt. Leider starb der zum Freund gewordene Erwin Dichtl sehr früh. Ich gab die Rolle des Herausgebers ab, als ich zur Bundesbank wechselte.

Das war auch die Zeit, in der sich die Universitätslandschaft grundlegend zu ändern begann. Ausgehend von den USA, angefeuert durch den **Vietnamkrieg, die Notstandsgesetze und den drohenden Numerus Clausus** erreichte der Studentenprotest über die Schiene Berlin/Erlangen schließlich auch Nürnberg. Wie die meisten jungen Kollegen traf dies auch mich in einer Situation, in der wir nach unseren Erfahrungen mit der »Ordinarien-Universität« eigentlich vieles grundsätzlich verändern wollten und nun in die Rolle der Verteidigung akademischer Freiheit gegen doktrinäre Marxisten gerieten. In dieser Lage bedrängten mich als jüngstes Mitglied die Kollegen, das **Amt des Dekans für das Studienjahr 1968/69** zu übernehmen. In der Tat standen einige ältere Kollegen den Störungen in ihren Vorlesungen hilflos gegenüber.

Neben dem Alltag im Vorlesungsbetrieb und fast täglichen Problemen im Dekanat haben drei Ereignisse aus dieser Zeit bei mir einen bleibenden Eindruck hinterlassen.

Eines Tages suchte mich die Frau eines der älteren Kollegen auf und berichtete von **studentischem Terror** nicht zuletzt in der Form von permanenten Telefonanrufen zu jeder Tages- und Nachtzeit. Ihr Mann sei mit den Nerven völlig am Ende und dem Suizid nahe. Auf meinen Vorschlag hin kam dann der Kollege zu einem Gespräch, in dem er mir den Hintergrund der Lage berichtete. Als mittelloser Student erhielt er Anfang der 1930er Jahre ein Hochbegabtenstipendium, das ihn nach der Machtübernahme durch die Nazis in manche Schwierigkeiten brachte. Im Jahre 1944 schrieb er dann unter dem Druck massiver Drohungen zwei Beiträge mit antisemitischen Äußerungen. Wie sich sehr viel später herausstellte, kamen die Informationen zu den sonst kaum auffindbaren Artikeln aus der DDR. Gemessen an den zur Nazizeit herrschenden Usancen handelte es sich ganz offensichtlich um Pflichtübungen, doch war der antisemitische Tenor nicht zu leugnen. Bei einem Altersunterschied von rund 30 Jahren stand ich vor einer schwierigen Aufgabe. Ich versuchte dem Kollegen, der mit den Nerven tatsächlich am Ende war, klarzumachen, dass der Terror gegen ihn nur ein Ende finden würde, wenn er sich den Angriffen der Studenten öffentlich stellte. Ich konnte ihn mit größter Mühe von diesem Vorschlag überzeugen, weil ich ihm zusicherte, ihm beim Vorgehen an der Seite zu stehen.

Die Studenten, in Wirklichkeit war es nur eine kleine aktive Gruppe, die mit ihrer Agitation aber einen großen Einfluss ausübte, forderten ein Tribunal über den Professor. In einer sehr hart geführten Auseinandersetzung machte ich den Rädelsführern klar, dass sie für ein »Tribunal« keine Bühne in der Universität finden würden. Zähneknirschend stimmten sie einer Informationsveranstaltung zu den von mir gestellten Bedingungen zu. Vor einer riesigen Studentenzahl, im größten Hörsaal war selbst kein Stehplatz mehr frei, schilderte zunächst der Kollege, mehrfach durch Tränen unterbrochen, seinen Werdegang und sein Verhalten. Dann stiegen die »Ankläger« auf das Podium, erklärten den Professor zum gesinnungslosen Antisemiten, der auf einem Lehrstuhl nicht tragbar sei. Verabredungsgemäß war dann nach den langen Ausführungen die Reihe an mir. Ich beglückwünschte die Anführer zunächst zu ihren hohen ethischen Ansprüchen. Dann wendete ich mich persönlich mit Namensnennung an S. (den Namen habe ich bis heute nicht vergessen und seinen späteren beruflichen Aufstieg im verruchten kapitalistischen System mit Interesse verfolgt). Er stehe hier heute mit weit offenem Hemd, habe sich aber doch in der mündlichen Prüfung bei mir vor kurzem mit dunklem Anzug und Krawatte präsentiert. Ob er wohl Angst gehabt hätte, ich würde ihm bei anderer Kleidung eine schlechtere Note geben? Er kenne mich doch gut genug um zu wissen, dass diese Furcht unbegründet gewesen sei. Aber dieses Risiko habe er wohl nicht eingehen wollen. Und jetzt erhebe er sich zum Richter über einen Mann, der mit ganz anderen Strafen hätte rechnen müssen. Mit ähnlichen Argumenten stellte ich zwei weitere »Ankläger« bloß. Danach löste sich die Veranstaltung schnell auf und mein Kollege konnte fortan ungestört seine Vorlesungen halten. Es ging dabei nicht darum, die paar Extremisten zu überzeugen, das wäre vergebliche Mühe gewesen; es galt zu verhindern, dass die zwar kritische, aber Argumenten zugängliche Mehrheit der Studierenden deren Parolen folgen würde.

Eine eher heitere Note brachte eine andere Begebenheit. Wie damals weithin üblich, »schmückte« die marxistische Studentengruppe die Wände im Universitätsgebäude **mit großen**

Wandzeitungen und Schmierereien. Unser Hausmeister, dem dies ein Gräuel war, kam zu mir ins Dekanat und unterrichtete mich von seiner Absicht, die Zeitungen wieder zu entfernen. Ich hielt ihn nicht ab und so dauerte es nicht lange, bis die bekannten Studentenführer ins Dekanat stürmten und von dem Skandal berichteten, dass ihre so wichtigen Informationen für die Studentenschaft über Nacht immer wieder verschwunden waren. Ich sagte, das sei mir auch aufgefallen. Die Studenten: Wir wissen auch, wer der Übeltäter ist. Es ist der Hausmeister, und wir verlangen, dass Sie gegen ihn disziplinarisch vorgehen. Der Dekan: Der Hausmeister ist der einzige Werktätige in der Fakultät, und ausgerechnet gegen ihn soll ich als die von ihnen doch ansonsten bekämpfte Autorität einschreiten? Mit den Werktätigen wollen Sie doch gemeinsam gegen die Kapitalisten kämpfen. Ihren basisdemokratischen Prinzipien folgend, müssten Sie erst einmal die Meinung der ganzen Studentenschaft einholen. Dann könnten wir über Ihre Forderung noch einmal sprechen. Wutentbrannt stürzten sie aus dem Zimmer mit dem Zuruf: Ihnen werden wir noch die Bude über dem Kopf anzünden.

1919, ein Jahr nach dem Ende des Ersten Weltkriegs, wurde die **Handelshochschule Nürnberg gegründet**. Dabei spielte eine wesentliche Rolle, dass sich Nürnberg von München schon immer vernachlässigt fühlte und nie Standort einer Universität oder Technischen Hochschule geworden war. Ausgerechnet während meines Dekanats stand also die 50-Jahr-Feier an. Es war vorauszusehen, dass eine solche Veranstaltung in der aufgeheizten Atmosphäre der 68-er Jahre geradezu als eine Einladung zu Protest und Krawall wirken würde. Ich musste mir daher Gedanken zum Schutz der Teilnehmer machen, darunter zahlreiche Prominenz aus Land und Stadt. Im ersten Gespräch mit der Polizeidirektion kam die klare Botschaft: Wir kommen mit großem Aufgebot, jeder Anflug von Unordnung wird im Keim erstickt. Für mich kam eine Jubiläumsveranstaltung unter massivem Polizeischutz nicht in Frage. Die Bilder **von »prügelnden Polizisten und verletzten Studenten«** konnte man leicht voraussehen. Wir haben uns dann auf folgendes Konzept verständigt: Im von außen nicht einsehbaren Hof einer nahegelegenen Schule würde eine Gruppe der Polizei warten und im Notfall im Eilschritt in vier bis fünf Minuten zur Stelle sein. Mein Signal wäre das Zeichen für einen anwesenden Polizisten in Zivil, der mit einem Funkgerät ausgestattet war. Es kam, wie es kommen musste. Die Reden der Prominenz wurden durch Geschrei und Gesänge laufend unterbrochen. Als der Nürnberger Oberbürgermeister an der Reihe war, bedrängten mich die anwesenden Stadträte, es sei jetzt höchste Zeit, die Polizei zu rufen. Das kam für mich zu diesem Zeitpunkt nicht in Frage. Der Tumult erreichte seinen Höhepunkt mit dem Werfen von Stinkbomben und endete erst, als ich zu Beginn meines Vortrags die Rädelsführer in der erprobten Weise bloßstellte.

Meine Standfestigkeit trug mir eine Einladung zu einem Gespräch mit Franz Josef Strauß, dem damaligen Bundesfinanzminister, ein. Nachdem wir kurz über die Frage der Aufwertung der D-Mark gestritten hatten und ich ihm auf seinen Wunsch hin meine Überlegungen zur Universitätsreform vorgetragen hatte, eröffnete er mir unvermittelt, dass er in Sorge um die anstehende Landtagswahl in Bayern auf der Suche nach einem **Professor für das Amt des Kultusministers** sei. Er halte Ausschau nach einem jungen Professor aus dem Fränkischen, evangelisch, aber ich sei ja katholisch, worüber er aber hinwegsehen wolle. Ich fiel fast vom Stuhl, er schien es jedoch ernst zu meinen. Ich versuchte, ihm die Idee auszureden, aber er bestand auf seinem Plan und wollte in Bälde einen gemeinsamen Termin beim damaligen Ministerpräsidenten Goppel vereinbaren. Dazu kam es dann nicht und die Sache verlief zu meiner Erleichterung im Sande.

Ich widerstand der Versuchung, dem Drängen einer großen Gruppe von Kollegen aus den verschiedenen Fakultäten nachzugeben, mich für die Rektorwahl als Kandidat zur Verfügung zu stellen. Nach kurzer, aber reiflicher Überlegung stand für mich fest: **Mein Ziel war die Wissenschaft**, von der ich mich auch nicht vorübergehend trennen wollte.

Diese Ereignisse bestimmten mein Wirken in Nürnberg im Wesentlichen nur für die Zeit des Dekanats. Als junger Professor habe ich aus **diesen Erfahrungen sehr viel fürs spätere Leben gelernt**. Nicht zuletzt auch die Erkenntnis, dass viele Professoren – um es etwas martialisch auszudrücken – nicht gerade zum Heldentum neigen. Als eine stattliche Gruppe von Studenten eine von mir geleitete Fakultätssitzung stürmte und eine Diskussion zur anstehenden Reform der Prüfungsordnungen verlangte, erklärte ich, sie sollten ihr Anliegen vortragen und anschließend den Sitzungssaal verlassen, eine Diskussion mit ihnen werde ich nicht zulassen. Ihr Anführer forderte, ich solle meine Kollegen nach ihrer Meinung fragen. Ich wusste genau, wer von ihnen insgeheim mit diesen Studenten paktierte. Im Vertrauen auf deren Feigheit sich zu positionieren erwiderte ich, ich müsse nicht fragen, meine Kollegen seien alle meiner Meinung. Kein Widerspruch, die Enttäuschung, wenn nicht Geringschätzung, stand einem neben mir stehenden Störer ins Gesicht geschrieben. An diese Begebenheit werde ich immer wieder erinnert, wenn ich von Angriffen auf Wissenschaftler lese, die keine Unterstützung von an sich gleichgesinnten Kollegen erfahren.

Gelernt habe ich auch aus vielen Diskussionen mit marxistischen Studenten. Dazu gab es Gelegenheit vor allem in den Seminaren, die ich über viele Jahre in einem einsam im Wald gelegenen Volkshochschulheim in der Nähe von Bad Königshofen organisiert habe. Ich habe mich mit intensiver Marx-Lektüre auf die Debatten vorbereitet, die wir bis tief in die Nacht hinein geführt haben. Zum vom Ministerium für Innerdeutsche Fragen geförderten Programm gehörte auch eine Busfahrt zur **nahe gelegenen Zonengrenze.** Als wir in einem Jahr wieder dorthin kamen, wurde gerade die Grenzbefestigung erneuert. Der Zaun war deshalb an dieser Stelle offen. Auf dem Gebiet der DDR – keine 100 Meter entfernt – war auf der nach hinten offenen Ladefläche eines LKWs ein Maschinengewehr aufgebaut, was einen unserer kommunistischen Studenten zu dem Ausruf veranlasste: sie schützen ihre Grenze gegen einen Angriff von der BRD aus. Es war erschütternd zu erfahren, welche Verblendung nicht nur von diesem einen Besitz ergriffen hatte. Das Maschinengewehr hatte ganz offensichtlich den einzigen Zweck, die Grenzsoldaten, die mit der Arbeit am offenen Zaun beschäftigt waren, von der Flucht aus dem Arbeiter- und Bauernparadies abzuhalten. Beim traditionellen gemeinsamen Fußballspiel holte mich einer unserer Marxisten mit einem üblen Foul von den Beinen, half mir dann auf mit der Bemerkung, das war einfach notwendig. Rein menschlich war mir der Kerl, anders als viele seiner Mitstreiter, einfach sympathisch.

Die Jahre in Nürnberg habe ich als ausgesprochen stimulierend empfunden. Nicht zuletzt der intensive Gedankenaustausch mit unseren Juristen hat mir viele neue Einsichten gebracht. Nachdem in den Fakultätssitzungen immer wieder von den Nichtökonomen nach interdisziplinärer Forschung verlangt wurde, lud ich als Dekan alle Kollegen zu einem Treffen mit Bier und Brezeln und dem Beitrag eines Volkswirts ein, der an einem für den Gedankenaustausch besonders geeigneten Thema arbeitete. Es kamen nur drei Juristen und alle Volkswirte. Wir haben dann diese Treffen im privaten Rahmen mit großem Engagement fortgesetzt. Leider ist diese Initiative bald nach meinem Weggang aus Nürnberg eingeschlafen.

Als Franke fühlte ich mich mit meiner Familie in Nürnberg, in Universität und Fakultät mehr als wohl. Es war mein innerlicher Wunsch, gegen Ende meiner beruflichen Laufbahn wieder in meine geliebte Heimatstadt Würzburg zurückzukehren. Nun kam der Ruf an die Universität Würzburg schon 1973 und löste bei mir keine große Freude aus. Wissenschaftlich gab es nicht den geringsten Grund, die Fakultät in Nürnberg zu verlassen und nach Würzburg zu gehen. Für meine Frau war dies jedoch der sehnlichste Wunsch, der letztlich für mich den Ausschlag gab, den Ruf anzunehmen. Auch wenn ich als Wissenschaftler noch längere Zeit mit dem Verlust eines inspirierenden Umfelds gehadert habe, am Ende habe ich den Wechsel nicht bereut.

10.

DIE LANGE ZEIT AN DER UNIVERSITÄT WÜRZBURG

Zum Wintersemester 1973/74 wurde ich zum ordentlichen Professor an der Universität Würzburg ernannt. Auf meinen Vorschlag hin wurde mein Lehrstuhl etwas später umbenannt in »**Geld und internationale Wirtschaftsbeziehungen**«, ein Titel, der meine wissenschaftlichen Schwerpunkte wiedergab. Parallel vertrat ich noch für einige Semester meinen alten Lehrstuhl in Nürnberg bis zum Umzug in unser neues Haus in Würzburg.

Vor Ort bestätigte sich mein Eindruck einer Fakultät, in der sich nicht alle – sehr milde ausgedrückt – durch wissenschaftliche Leistungen hervorgetan hatten. Das erinnerte mich an den sogenannten Kilians-Eid, den in der Vergangenheit angeblich Juristen bei ihrer Berufung leisten mussten: Sie verpflichteten sich, jeden Tag mindestens zwei Schoppen Frankenwein zu trinken und nie mehr etwas zu veröffentlichen. Nicht wenige sollen sich an diesen Eid gehalten haben. (Der heilige Kilian ist der Schutzpatron Würzburgs und des Frankenweins.)

Ich war mir des für die Bürger so angenehmen und für

einen Wissenschaftler gleichzeitig gefährlichen Klimas wohl bewusst. Ich begann daher, vielfältige Kontakte zu Wissenschaftlern im In- und Ausland zu knüpfen und neben zahlreichen wissenschaftlichen Publikationen auch laufend Artikel in Zeitungen etc. zu veröffentlichen. Die Tätigkeit für WiSt führte auch zur Herausgabe einer ganzen Reihe von Büchern, von denen nicht zuletzt die Geschichte der Nationalökonomie große Verbreitung erfuhr.

Die Vorbereitung meiner Vorlesungen habe ich mit viel Engagement betrieben. Die anhaltend **sehr positive Resonanz bei den Studierenden** war eine stete Quelle der Befriedigung. In meiner Zeit als Student und Assistent habe ich gesehen, dass die Professoren keinerlei Vorstellung davon hatten, wie die Studierenden ihre Vorlesungen aufnahmen, teilweise waren sie daran auch gar nicht sonderlich interessiert. Um ein Feedback zu bekommen, habe ich an meiner schon in Nürnberg begonnenen Praxis festgehalten, zum Semesterende bei den großen Vorlesungen eine anonyme Vorlesungskritik durchzuführen. Unter den allgemeinen Bemerkungen fand sich immer wieder der Hinweis: Das machen Sie ja nur, weil Sie sicher sind, dass Sie gut abschneiden. In der letzten Stunde habe ich jeweils die Auswertung der Befragung vorgetragen und wollte diesen »Verdacht« nicht rundum bestreiten. Ich erläuterte aber auch, dass die Gelegenheit zur Kritik für mich immer auch ein disziplinierendes Element enthält, sei es zur Verständlichkeit, Lautstärke etc. Als beispielsweise in einem Semester sich die Werte bei der Frage »Ist der Dozent gut vorbereitet – immer, meist, selten, nie« verschlechterten, habe ich danach zu Beginn jeder Vorlesung kurz den Inhalt der letzten Vorlesung rekapituliert und das Programm der folgenden Vorlesung skizziert. Die Werte in der nächsten Vorlesungskritik waren dann überwältigend gut – und sind es geblieben. Ich habe überwiegend frei gesprochen. Das gab Anlass zu Bemerkungen, ich würde wie ein Tiger vor dem Auditorium hin und her laufen. Fast nie fehlten Anmerkungen zu meiner Person. Bei manchen äußerte ich die Hoffnung, sie würden nicht von Kommilitonen stammen. Da ich in der Fakultät damals der Einzige war, der sich der Vorlesungskritik unterzog, hat mich das bei manchen Kollegen nicht unbedingt beliebter gemacht.

Um das Angebot durch Beiträge herausragender Wissenschaftler zu bereichern, habe ich immer wieder Filme vorführen lassen, etwa zu einem Seminar von F. A. von Hayek.

Das ZDF brachte einmal eine Sendung, in der die Ausführungen über den **Monetarismus und Milton Friedman** mit den rollenden Panzern des Pinochet-Regimes untermalt wurden. Ich habe den verantwortlichen Redakteur eingeladen, den Film an der Universität vorzuführen. Der große Hörsaal war brechend voll. In der anschließenden Diskussion, zu der ich auch einen zu dem Thema kompetenten Kollegen eingeladen hatte, konnten die Studierenden erleben, auf welch dürftiger wissenschaftlicher – wenn man davon überhaupt reden will –, die Fakten verdrehender Basis ein öffentlich-rechtlicher Sender die Zuschauer zu manipulieren versucht.

Anfragen von Kollegen in Marburg und Karlsruhe nach einem Wechsel an ihre Universität habe ich schon im Vorfeld abgewehrt. Auf der Berufungsliste für einen **renommierten Lehrstuhl an der Wirtschaftsuniversität Wien** stand ich aequo loco an erster Stelle mit einem österreichischen Kollegen. Bei meinem Vortrag bin ich mitten in die ideologischen Auseinandersetzungen vor Ort geraten. Ich hatte gerade ein kritisches (kleines) Buch zu den Vorstellungen der Linken zur staatlichen Investitionslenkung veröffentlicht und damit eine geradezu feindliche Stimmung auf dieser Seite erzeugt. Das bekam ich während meines Vortrags zu einem ganz anderen Thema – Modellprognose zum Wohnungsbau – und letztlich in der Abstimmung im paritätisch besetzten Berufungsausschuss zu spüren. Die überwältigende Mehrheit der Professoren hatte mich an die erste Stelle gesetzt, die Vertreter der Assistenten und des nichtwissenschaftlichen Personals waren ebenso deutlich gegen mich. Die Entscheidung der SPÖ-Kultusministerin für den durchaus geschätzten Kollegen mit dem gleichen Parteibuch hat mich dann nicht überrascht.

Als ich den **Ruf der Universität Konstanz** auf den neu geschaffenen Lehrstuhl Außenwirtschaft erhielt, war ich zunächst fest entschlossen, anzunehmen. Nicht nur war Konstanz als Elite-Universität gegründet, der Lehrstuhl war auch verbunden mit einem neugeschaffenen, von der DFG geförderten Sonderforschungsbereich. Während einige andere Aspekte, wie die für die vielen Reisen ungünstige geographische Lage, eine Rolle spielten, gab die tiefe Traurigkeit meiner Frau beim Gedanken, von Haus, Garten und Würzburg Abschied zu nehmen, am Ende den Ausschlag, den Ruf abzulehnen. Die offizielle Studentenschaft bejubelte geradezu in einem Bericht meine Entscheidung, in Würzburg zu bleiben und schrieb am Ende: »... wir freuen uns, dass er bleibt. Und wer, womöglich noch unerfahren an der Alma Julia und unberührt von den unseligen Gerüchten noch fragt, warum die ganze Aufregung, wo es doch Professoren fast so viele gibt, wie Sand am Bodensee, für den sei noch die Empfehlung nachgeschoben, einmal eine Vorlesung des besagten Professors zu genießen (jawohl genießen!), ehe es zu spät ist. Wer weiß, ob nicht bald schon wieder irgendwo ein Rufer lockt?«

Obgleich meine wissenschaftliche Laufbahn kaum Wünsche offen ließ, blieb der während des Studiums unerfüllbare Wunsch nach einem Auslandsstudium weiterhin lebendig. So habe ich zwei Forschungsfreisemester zu einem Gastaufenthalt in Forschungseinrichtungen in den USA genutzt.

Die Monate Februar/März 1981 verbrachte ich an der **University of Michigan in Ann Arbor**. Die ökonomische Fakultät hatte einen ausgezeichneten Ruf, von den Kontakten mit den Kollegen und der Teilnahme in Seminaren habe ich wissenschaftlich sehr profitiert. Folgende Begebenheit könnte als Lehrbeispiel für das Versagen von staatlichen Anordnungen dienen. In dem strengen Winter erzeugten die eisigen Winde aus Kanada, die über den großen, zugefrorenen Seen noch einmal an Kälte zulegten, ein grimmiges Klima. Die ersten Tage fror ich jämmerlich in meinem Office, dessen Fenster den Wind kaum abhielten. Bei einem meiner Besuche bei einem Kollegen überraschte mich die angenehme Temperatur des Büros. Auf meine Bemerkung hin fragte er mich, ob denn niemand mich aufgeklärt hätte. Er ging zum Zimmerthermostat und zeigte mir die aufgebogene Büroklammer, die den wegen der zweiten Ölkrise staatlich angeordneten Stopp bei 18 Grad Celsius aufhob. Diese Praxis hat dann auch in meinem Office funktioniert. Am Ende dürfte der Energieverbrauch noch höher als üblich ausgefallen sein, weil viele die Klammer auch über Nacht stecken ließen, sei es mit Absicht oder aus Nachlässigkeit. An diese Erfahrung muss ich immer wieder denken, wenn ich all die Ideen sehe, das Verhalten der Menschen beim Energieverbrauch durch Verbote zu kontrollieren.

Der zweite Studienaufenthalt führte mich im Herbst 1985 in die Hauptstadt der USA zum **Internationalen Währungsfonds**. Wohl an keinem anderen Ort der Welt sind so viele exzellente Ökonomen aus allen Ländern dieser Erde versammelt. Die täglichen Begegnungen und Diskussionen sowie die zahlreichen Seminare mit führenden Wissenschaftlern aus aller Herren Länder haben meinen wissenschaftlichen Horizont entscheidend erweitert. Darüber hinaus habe ich das breite kulturelle Angebot in Washington D.C. reichlich genossen.

In beiden Fällen wurde ich durch ein Stipendium der DFG unterstützt. Die eigene Forschung schlug sich in Beiträgen für wissenschaftliche Zeitschriften nieder.

Zurück in Würzburg habe ich zwei ganz unterschiedliche Eindrücke aus Amerika mitgenommen. Den lockeren, informellen und stimulierenden Umgang habe ich im deutschen universitären Umgang sehr vermisst. Auf der anderen Seite war es eine Befriedigung festzustellen, dass wir uns mit der breit angelegten Ausbildung unserer Studenten gegenüber einem rasch auf Spezialisierung ausgerichteten System gewiss nicht verstecken müssen.

Meine anfängliche Sorge, im angenehmen Würzburger Binnenklima zu stagnieren, erwies sich bald und in steigendem Maße als unbegründet. Das lag an zahlreichen nationalen und internationalen Aktivitäten.

So führte mich eine Reihe von Einladungen zu Konferenzen nach Spanien. Die dortige Wirtschaft war in großer Sorge um ihre Konkurrenzfähigkeit nach dem bevorstehenden Beitritt zur EWG. Zusammen mit zwei weiteren Kollegen gaben wir Seminare zu dieser Thematik, die auf großes Interesse stießen. 1983 bat mich Kardinal Höffner, in einer gemeinsamen Arbeitsgruppe der beiden christlichen Kirchen mitzuwirken. Ziel war es, eine Erklärung **»Wie gehen wir verantwortlich mit der Schöpfung um«** zu erstellen. Ich ersetzte ein katholisches Mitglied der paritätisch besetzten Gruppe von acht Professoren, darunter auch der spätere Kurienkardinal Kasper. Der Entwurf des Textes war schon weit fortgeschritten, widersprach aber in entscheidenden Punkten fundamental meiner Meinung. Da ich diese weitgehend abgeschlossene Erklärung nicht mittragen konnte, schlug ich vor, mich wieder zurückzuziehen. Ich war der einzige Ökonom, was man dem Text auch deutlich anmerkte, der im Tenor wie im Detail von einem kurz gesagt linkslastigen evangelischen Theologen dominiert war. Nachdem ich meine Bedenken vorgetragen hatte, die sich vor allem gegen die direkte und einseitige Übernahme von Bibelstellen in politische Forderungen richteten, bestanden die Kollegen, die offenkundig bis zu meiner Intervention zurückgehaltene, erhebliche Probleme mit dem vorliegenden Text hatten, auf einer neuen, grundsätzlichen Diskussion. Das später von den beiden Kirchen gemeinsam veröffentlichte Dokument enthielt eine wesentlich modifizierte Fassung, mit der am Ende alle leben konnten.

Schon als Assistent war ich dem **Verein für Socialpolitik**, der Vereinigung deutschsprachiger Wirtschaftswissenschaftler beigetreten. Vor allem der Mitarbeit im Wirtschaftspolitischen Ausschuss, dessen Vorsitz ich für die Jahre 1975 bis 1979 innehatte, verdanke ich wichtige Anregungen. Wie sehr ordnungspolitisches Denken an Interesse verlor, zeigte sich, als erst nach heftigen Auseinandersetzungen für die Jahrestagung 1980 in Nürnberg das Thema **»Die Zukunft der Sozialen Marktwirtschaft«** akzeptiert wurde. Danach stieß meine Ernennung zum Vorsitzenden der Vorbereitungskommission auf keine Schwierigkeiten. Nach Abschluss der Konferenz war es mein Ehrgeiz, den Tagungsband mit allen Beiträgen noch vor der Konferenz im nächsten Jahr erscheinen zu lassen. Dazu setzte ich entsprechende Fristen für die Einreichung der Manuskripte. Auf Nachdruck von meiner Seite erhielt ich auch alle Beiträge – bis auf einen. Dieser war ausgerechnet einer der zentralen Vorträge zur Konferenz, verfasst von einem sehr bekannten Staatssekretär aus dem Wirtschaftsministerium. Nach einem letzten Versuch erklärte mir dieser am Telefon, er habe keine Zeit und verzichte auf die Veröffentlichung. Da es sich nicht um irgendeinen Beitrag handelte und vom ganzen Programm her im Tagungsband nicht fehlen durfte erklärte ich ihm, ich werde das im Vorwort erklären. Darauf er: Das trauen Sie sich nicht. Ich: Das werden wir sehen. Ein kleines Beispiel für Glaubwürdigkeit, in diesem Fall meiner Drohung. Acht Tage später erhielt ich das Manuskript.

Zu meiner großen Freude wurde ich 1980 in den **Wissen-**

schaftlichen Beirat beim Bundesministerium für Wirtschaft berufen. Dieses bereits 1948, also noch vor der Gründung der Bundesrepublik eingesetzte Gremium, das ein bekannter Ökonom einmal als Oberseminar für Professoren bezeichnet hat, ist für mich bis heute ein Ort interessanter Diskussionen mit führenden Vertretern unseres Fachs aus den verschiedensten Gebieten.

Seit 1989 habe ich das Privileg, als **Mitglied der Akademie für Wissenschaften und der Literatur – Mainz** die ganze Breite der Wissenschaft in den gemeinsamen Sitzungen und anschließenden Gesprächen zu erleben.

In der kleinen Runde des **Kronberger Kreises** bot sich mir ab 1987 die Gelegenheit zu besonders intensiven Diskussionen und Stellungnahmen zu aktuellen wirtschaftspolitischen Problemen.

Als Höhepunkt erfolgte dann die Berufung in den **Sachverständigenrat zur Begutachtung der gesamtwirtschaftlichen Entwicklung**. Gefragt, habe ich immer von den sogenannten fünf Weisen gesprochen. Im Rat habe ich vor allem in der empirischen Arbeit viel dazugelernt. Die Diskussionen mit hervorragenden Kollegen, aber auch mit dem Stab erreichten eine hohe Intensität. In der Endphase des Jahresgutachtens wurde schließlich um jedes Wort gerungen.

Ein besonderes Ereignis war 1989 die **Einladung nach China**, um dort mit den maßgeblichen Wirtschaftspolitikern Reformen zu diskutieren, die das Land auf einen Weg zu marktwirtschaftlichen Bedingungen bringen sollten. Privateigentum an Produktionsmitteln war damals noch Tabu, aber ansonsten gab es keine Beschränkungen. Unsere Reise stand insofern unter einem ungünstigen Stern, als Gorbatschow gerade zu einem Staatsbesuch eingetroffen war und im ganzen Land riesige Demonstrationen für mehr Freiheit durch die Straßen zogen, wie wir das am Ausgangspunkt unserer Mission in Shanghai erlebt haben. Unsere Gespräche sollten im Wesentlichen in der Verbotenen Stadt stattfinden. Wegen der unsicheren Lage hielt man uns jedoch von Peking fern. So hielten wir Seminare in verschiedenen Städten, von denen ich noch nie gehört hatte, die aber alle mehr als 10 Millionen Einwohner hatten. Infolge eines Kommunikationsfehlers wurden wir für eine Reise über das Chinesische Meer auf ein Schiff gebracht, das schon von außen einen schrecklichen Eindruck machte. Unser Vorsitzender Professor Schneider war in einer »Suite« untergebracht. Dort verbrachten wir in einem kleinen Vorraum den größten Teil der Nacht, weil unsere kleinen Kabinen in der 2. Klasse vor Schmutz starrten. Interessehalber habe ich mich dann eine Etage tiefer in die 3. Klasse begeben – der unvorstellbare Dreck und der Anblick der eng zusammengepferchten Menschen haben mich bewogen, den Versuch, noch ein Deck tiefer zu gehen, aufzugeben und rasch wieder zurückzukehren. Ich habe gut verstanden, warum unsere chinesischen Begleiter am Boden vor unseren Kabinen schliefen.

Neben den Dolmetschern reisten auch zwei politische Aufpasser mit, die unsere Dolmetscher so einschüchterten, dass nur wenig Gelegenheit zu offenen Gesprächen war. Zu dieser Zeit war es äußerst schwierig, Verständnis für die Marktwirtschaft und ihre tragenden Institutionen zu vermitteln. Als ich das Währungssystem der Bundesrepublik erklärte und dabei auf die **Unabhängigkeit der Notenbank** verwies, konnte ich in den Gesichtern pure Ratlosigkeit erkennen. Auf mehrfache Nachfrage, ob denn ein Anruf des Finanzministers oder danach des Premierministers nicht genüge, um einen Beschluss zu bestimmen, glaubte mir mit Sicherheit keiner der Anwesenden, dass dies in Deutschland nicht vorkomme und höchstens die Notenbank in ihrem eigenen Beschluss bestärke – unvorstellbar für die chinesischen Zuhörer. Sie konnten mir das nicht abnehmen. Für die weitere Diskussion schuf dieses Unverständnis natürlich keine gute Grundlage. Für unseren Rückflug wurden wir im Flughafenhotel in Peking untergebracht. Unter dem heftigen Protest unserer Aufseher nahm ich mit einem Kollegen ein Taxi, das uns zum Zentrum der Proteste am Tiananmen-Platz brachte. Der Platz mit der Attrappe der New Yorker Freiheitsstatue in der Mitte war mit Demonstranten so belegt, dass wir uns nur am äußeren Rand bewegen konnten. Des Chinesischen mächtige amerikanische Studenten übersetzten uns einige Reden. Tief beeindruckt kehrten wir ins Hotel zurück. Kurz nach unserer Heimkehr waren wir dann von den Nachrichten über das Massaker am 4. Juni 1989 umso mehr bestürzt, als wir die friedlichen und hoffnungsvollen Demonstrationen wenige Tage vorher selbst erlebt hatten.

Eine besondere Herausforderung kam auf den Sachverständigenrat im **Oktober/November 1989** zu. Damals arbeitete der Rat noch in den letzten vier Wochen, also auch Samstag/Sonntag ununterbrochen in Wiesbaden – die Geschäftsstelle war im Statistischen Bundesamt angesiedelt. Gewissermaßen in Klausur nahmen wir von den aktuellen Entwicklungen nur am Rande Notiz. Als sich der 15. November, der Termin für die Abgabe unseres Jahresgutachtens näherte, sagte ich ironisch, nun haben wir so lange die Wiedervereinigung herbeigesehnt, jetzt könnten unsere Landsleute in der DDR auch noch die paar Tage warten, bis wir mit unserem Gutachten fertig sind. Am 9. November war es aber dann so weit. Ich habe nach der Rückkehr ins Hotel sehr spät meine Frau angerufen, die vor dem Fernseher saß und voller Emotionen von den Ereignissen berichtete. Wir haben uns dann am nächsten Tag im Rat zusammengesetzt und kamen zu der unausweichlichen Erkenntnis, dass wir keine Möglichkeit sahen, sozusagen auf die Schnelle fundierte Änderungen an unserem Gutachten vorzunehmen. Wir haben dann ein längeres Vorwort vorangestellt und den Text ansonsten nicht verändert. Als wir dann in Bonn dem Bundeskanzler unser Gutachten überreichten, nahm Kohl uns zur Seite und bat uns **»zur Unterstützung«** so bald wie möglich ein Sondergutachten zur neuen Lage in Deutschland zu erarbeiten.

Das *Gutachten »Zur Unterstützung der Wirtschaftsreform in der DDR: Voraussetzungen und Möglichkeiten«* haben wir dann im Januar 1990 vorgelegt. Das war eine Zeit, in der sich so gut wie alle einschlägigen Gremien und Institutionen mit dieser Thematik beschäftigten. Im Verlauf des Monats Januar 1990 wurden mehrmals täglich immer neue Vorschläge zu einer Währungsumstellung in der DDR unterbreitet, zu Wechselkursen bis zu 1:5. Wir hielten eine solche Währungsreform für verfrüht und in den Folgen gefährlich. Wir waren daher überzeugt, die Regierung vor einem solchen Schritt warnen zu müssen. Als wir uns dann in Wiesbaden trafen, um den Brief mit dieser Warnung an den Bundeskanzler zu verabschieden, erfuhren wir, dass Kohl selbst soeben eine Deutsch-Deutsche Währungsunion für den Juni angekündigt hatte. Sehr schnell haben wir den Gedanken verworfen, den Brief sozusagen im Papierkorb landen zu lassen. Schließlich waren wir weiter von unseren Argumenten überzeugt, unsere Unabhängigkeit gebot eine Veröffentlichung.

So haben wir am 9. Februar 1990 den Brief *»Zur Frage einer Währungsunion zwischen der Bundesrepublik Deutschland und der DDR«* an die Bundesregierung abgeschickt. Mit unserer Warnung vor extremen finanziellen Belastungen, hoher Arbeitslosigkeit in der DDR etc. lagen wir wirtschaftlich leider völlig richtig. Wir gingen dabei davon aus, dass die Deutsche Einheit noch auf sich warten lassen würde, und lagen damit politisch völlig falsch. Historisch betrachtet war dies eine der besonderen Situationen, in denen rein ökonomische Überlegungen und politische Handlungsspielräume zwangsläufig in fundamentalen Konflikt geraten. Der Bundeskanzler hat uns dann in diesem Jahr nicht wie zuvor üblich zu einem Vorbereitungsgespräch für den G7-Gipfel eingeladen. Sein Eindruck von den »ökonomischen Bedenkenträgern« hatte sich bestätigt. Diese Erfahrung sollte sich bei den Vorbereitungen zur Europäischen Währungsunion wiederholen.

11.

BUNDESBANKER 1990–1998

Erster Kontakt

Eines Tages im Juni 1990 erhielt ich einen Anruf von Bundesbankpräsident **Karl Otto Pöhl**, er wolle mit mir einmal geldpolitische Fragen diskutieren. Im Gegensatz zu Vizepräsident Schlesinger, den ich schon auf verschiedenen Konferenzen getroffen hatte, kannten wir uns bisher nicht. Er schickte mir seinen Fahrer und empfing mich überaus freundlich. Er erwähnte meinen Artikel, in dem ich mich sehr kritisch zur Mindestreservepolitik der Bundesbank geäußert hatte. In längeren Ausführungen teilte er meine Meinung. Unvermittelt änderte er das Thema. Der eigentliche Grund seiner Einladung sei, mich näher kennenzulernen. Die Amtszeit von Herrn Schlesinger ende in zwei Jahren. Es bestehe das Risiko, dass die Regierung dann keine Person bestelle, die das von Schlesinger seit vielen Jahren geführte Dezernat Volkswirtschaft (und Statistik) kompetent vertreten könne. In wenigen Monaten scheide das Direktoriumsmitglied Professor Claus Köhler aus. Man suche aber nicht nach einem Nachfolger für sein Ressort »Märkte«, sondern für das von Herrn Schlesinger. Dieser werde dann bis zu seinem Ausscheiden den Bereich Märkte übernehmen, die Zuständigkeit für Volkswirtschaft würde ich dann mit dem Tag meiner Ernennung erhalten. Diese Idee, mit der er inhaltlich voll übereinstimme, stamme von den Herren Schlesinger und Tietmeyer, ebenfalls Mitglied des Direktoriums. Ich solle mich dessen in einem anschließenden Gespräch mit Herrn Schlesinger vergewissern.

Diese Botschaft kam für mich völlig überraschend. Zu keinem Zeitpunkt war mir je in den Sinn gekommen, ich könnte die Universität verlassen, geschweige denn eine Karriere als Notenbanker einschlagen. Ich hatte mich ja nicht beworben und war ganz entspannt als Herr Pöhl hinzufügte: Wissen Sie, eigentlich mag ich keine Professoren. OI: Ich glaube, ich weiß auch warum. Pöhl: Wie denn? OI: Weil die immer alles besser wissen. Pöhl: Genau deswegen. OI: Und Sie glauben, es immer besser zu wissen? Pöhl nahm mir diese Bemerkung keineswegs übel. Dieser kurze Meinungsaustausch charakterisiert das persönlich sehr gute Verhältnis zwischen uns während der folgenden Zeit.

Pöhl erklärte mir dann noch, die Bundesbank habe nach dem Bundesbankgesetz kein Vorschlagsrecht für die Ernennung der Mitglieder des Direktoriums. Er wolle aber **Kanzler Kohl und Finanzminister Waigel** den Gedanken nahelegen, mich zu ernennen. Das Gespräch fand am Freitag statt. Ich erbat mir Bedenkzeit, ich müsse diese Angelegenheit mit meiner Frau besprechen. Da ich von ewig langen Erwägungen des Für und Wider im Allgemeinen wenig halte, versprach ich, am Montag Bescheid zu geben. Pöhl versicherte, ich sei natürlich völlig frei, wenn ich aber ja sage, könne ich nicht später, wenn er die Regierung informiert habe, meine Meinung ändern.

Am Abend erzählte ich meiner Frau bei gutem Essen und einer Flasche Wein bei unserem Lieblingsitaliener von dem Gespräch mit Pöhl. Sie war von dem Gedanken, ich würde zur

Bundesbank gehen, für mich nicht überraschend alles andere als begeistert. Sie fand mich in der Universität am richtigen Platz und hat die vielen Begegnungen mit den Kollegen und meinen Assistenten sehr geschätzt. Da ich die meiste Zeit in Freizeitkluft zu Hause gearbeitet hatte, sagte sie unvermittelt: Da sitzt Du den ganzen Tag mit Anzug und Krawatte, da kannst Du doch gar nicht denken. Nun, die Kleidung sollte das geringste Problem sein, aber sonst hatte ich selbst Vorbehalte. Schon sehr früh hatte ich mich für die Wissenschaft begeistert und in meinem akademischen Leben hatte ich mehr erreicht, als ich mir vorgestellt hatte. Vor allem war ich um meine Unabhängigkeit besorgt. Der deutsche Universitätsprofessor kann als der unabhängigste Mensch auf der Welt gelten. Sein Auskommen ist auf Lebenszeit gesichert, es existiert faktisch kein Vorgesetzter, Rechenschaft ist man nur sich selbst schuldig. Die Veröffentlichungen fallen im Guten wie im Schlechten auf einen selbst zurück. Wie würde das in der Bundesbank aussehen? Ich konnte ja nicht ahnen, dass ich in der Bundesbank wie später in der EZB einen Freiheitsgrad besitzen würde, der nicht größer sein konnte. Kein einziges Mal in den insgesamt 16 Jahren musste ich auf dem Gebiet, für das ich zuständig war, etwas vertreten, was meinen Vorstellungen grundsätzlich widersprach. Im Rückblick: Welch eine Befriedigung!

Die Verlockung, für **eine Politik Verantwortung zu übernehmen**, die exakt meinem bisherigen Forschungsgebiet entsprach, war am Ende unwiderstehlich. Was damit konkret verbunden war, konnte ich mir zu diesem Zeitpunkt noch nicht vorstellen. Jedenfalls rief ich am Montag Pöhl an und sagte zu, was ihn offensichtlich freute.

In der Folgezeit herrschte absolute Funkstille, ich wertete das als Zeichen für das Scheitern der Bemühungen Pöhls, bis er mich dann eines Tages im September anrief: Die Regierung hat zugestimmt, wann können Sie kommen – am liebsten gleich morgen? Vor allem, weil ich meine Kollegen im Sachverständigenrat bei der Arbeit am Jahresgutachten nicht abrupt im Stich lassen wollte, einigten wir uns auf Mitte Oktober. Schließlich musste ich meinen Abgang von der Universität organisieren. Ich hätte mich für die Dauer meiner Tätigkeit bei der Bundesbank beurlauben lassen können und damit die Möglichkeit besessen, jederzeit auf meinen Lehrstuhl zurückkehren zu können. In der Zwischenzeit hätte die Fakultät eine Lehrstuhlvertretung von Semester zu Semester organisieren müssen. Das wollte ich meinen Kollegen nicht zumuten. Vor allem aber wollte ich diesen **fundamentalen Wechsel in meinem Leben** nicht mit einer Art »Rückfahrkarte« absichern, die es mir erlaubt hätte, mich bei großen Schwierigkeiten im neuen Amt jederzeit wieder auf die Position des Hochschullehrers zurückzuziehen. Ich war inzwischen 54 Jahre alt und habe mir gesagt: Die acht Jahre deines Vertrags mit der Bundesbank musst Du unter allen Umständen durchstehen, das bist Du Dir selbst schuldig. In einem der Interviews, die ich nach der Bekanntgabe meiner neuen Funktion gegeben habe, fragte mich eine Journalistin, die bei mir studiert hatte: Herr Professor Issing, jetzt haben Sie 50 Semester lang – ich hatte nicht nachgezählt – nur Vorlesungen gehalten; können Sie überhaupt noch etwas anderes? OI: Das frage ich mich auch, warten wir einmal ab.

Es war klar, dass ich nicht täglich zwischen Würzburg und Frankfurt pendeln konnte. Meine Frau und ich haben die denkbaren Varianten durchgespielt und uns dann dafür entschieden, unser Haus in Würzburg zu behalten. Wir hatten uns dabei auf acht Jahre eingerichtet, nicht ahnend, dass daraus die doppelte Zeit der Trennung unter der Woche werden würde. Mit dieser Entscheidung haben wir uns den täglichen Ärger des sehr spät vom Dienst-Kommens erspart. Damit war mein Einsatz in der Bundesbank und anschließend in der EZB quasi unbeschränkt. Für mich begann beruflich die spannendste Zeit meines Lebens, meiner Frau gegenüber hatte ich stets ein schlechtes Gewissen. Zunächst wohnte ich im Gästehaus der Bundesbank, ein auf Dauer untragbarer Zustand. Später mietete ich dann eine von der Bundesbank gekaufte Wohnung in der Nähe, so dass ich im Normalfall am Abend zu Fuß nach Hause gehen konnte und meinen Fahrer nicht endlos warten lassen musste.

So holte mich dann mein späterer Fahrer am **Montag, den 15. Oktober 1990** am Morgen in Würzburg ab und brachte mich zur Bundesbank. Dort schaute ich erst bei Herrn Pöhl vorbei. Herr Schlesinger, der mich ebenfalls herzlich begrüßte, stellte mir anschließend die führenden Mitarbeiter aus den Dezernaten – so die Bezeichnung – Volkswirtschaft und Statistik vor. Die vielen Namen habe ich gleich wieder vergessen. Das war es dann auch mit der Einführung. Ich wurde anschließend zu meinem Büro geleitet, begrüßte die Sekretärin, die ich vorher nie gesehen hatte, wie sich herausstellen sollte eine außerordentlich tüchtige und sympathische junge Frau. Ich setzte mich an meinen Schreibtisch und harrte der Dinge, die da kommen sollten. Jedes Mal, wenn die Tür aufging, brachte mir die Sekretärin Aktenordner in verschiedenen Farben mit mir völlig fremden Ordnungskennziffern. Mir war nur klar, was hereinkommt, muss auch wieder hinaus, sonst stehst Du bald vor einem unüberschaubaren Stapel. Das sollte auch ein wesentlicher Teil meiner Arbeit während der folgenden Jahre bleiben. Entscheidend ist dabei, rasch das Wichtige vom weniger Wichtigen zu unterscheiden und den Mitarbeitern die notwendigen Anweisungen, Kommentare etc. zukommen zu lassen.

Für den folgenden Donnerstag war die nächste **Sitzung des Zentralbankrats angesetzt**, auf der der sogenannte Chefökonom den wichtigsten Vortrag zu halten hat. Seine Aufgabe ist es, die wirtschaftliche Lage umfassend und doch konzise zu erläutern sowie Schlussfolgerungen für die Geldpolitik zu ziehen. Freundlicherweise bot mir Herr Schlesinger an, noch einmal diese Aufgabe zu übernehmen, um mich mit dem Prozedere vertraut zu machen. Ich lehnte dankend ab, weil ich unbefangen von Anfang an meinen eigenen Stil präsentieren wollte. Im Zentralbankrat saßen der Präsident an der Spitze, der Vizepräsident daneben, die übrigen Mitglieder geordnet nach dem Tag ihrer Ernennung und das jüngste Mitglied, also ich, am anderen Ende des langen Tisches. Die Premiere verlief sehr gut. Als ich dann vierzehn Tage später in der für mich zweiten Sitzung meinen Vortrag mit der Bemerkung begann: Wie ich schon in der letzten Stunde erklärt habe, kamen die Lacher aus der beachtlichen Reihe der ehemaligen Professoren. Pöhl beruhigte mich und bemerkte: Das machen Sie hervorragend, fahren Sie bitte fort. Dieser Versprecher war natürlich der langen Gewohnheit geschuldet, sicher aber auch der Tatsache, dass ich mich wie vorher in den Vorlesungen bemühte, eine logisch schlüssige, klar strukturierte Analyse vorzutragen. In den ersten vierzehn Tagen ging mir gelegentlich der Gedanke durch den Kopf, ob ich nicht doch besser in Academia geblieben wäre. Da ich mich aber nun einmal entschieden hatte, ließ ich solche Zweifel nicht näher an mich herankommen, und mit jedem weiteren Tag hochinteressanter Arbeit war von Bedenken bald keine Spur mehr.

Wie ich die Bundesbank erlebte

Es erfüllte mich durchaus mit Stolz, nun einer in Deutschland hochgeachteten Institution in einer so wichtigen Funktion anzugehören. Mit ihrer erfolgreichen Politik hatte sie den Deutschen eine stabile Währung gebracht. Nach dem zweimaligen völligen Verlust des Geldes in den Inflationen 1923 und 1948 kann man die Erfahrung mit der neuen Währung D-Mark gar nicht überschätzen. Nach dem Ende des Zweiten Weltkriegs mit der Hinterlassenschaft einer Ruinenlandschaft in vielen Städten und den furchtbaren Verbrechen des Holocausts herrschte ein ideologisches Nichts, war jegliches nationale Selbstbewusstsein zerstört. In diesem **nationalen Vakuum bildete die stabile D-Mark** eine Ausnahme, sie war das einzige staatliche Symbol, mit dem die Deutschen in der unmittelbaren Nachkriegszeit so etwas wie Stolz verbanden. Die schon bald aufkommende Reiselust leistete dazu einen nicht unwesentlichen Beitrag. Mögen die Ströme der Touristen im europäischen Süden als Deutsche nicht immer und überall willkommen gewesen sein, ihr Geld wurde hoch geachtet. Die Wertschätzung der D-Mark zeigte sich nicht zuletzt auch in der DDR, in der die Westwährung den Zugang zu Waren eröffnete, die man mit dem eigenen Geld nicht kaufen konnte. Bei Reisen in Ländern des Ostblocks habe ich damals mehrfach erlebt, wie die DDR-Bürger von ihren sozialistischen Freunden herabgesetzt und die Westler mit ihrer D-Mark bevorzugt wurden.

Nicht unbedingt überraschend hat auch der Gewinn der Fußballweltmeisterschaft 1954 in dieser Zeit des Gefühls der Erniedrigung eine wichtige Rolle beim allmählichen Aufbau eines nationalen Selbstbewusstseins gespielt. Anders als bei der Weltmeisterschaft 2006 in Deutschland hat man damals bezeichnenderweise kaum deutsche Fahnen in den Straßen gesehen.

Als ich in einem Vortrag gegen Ende der 1990er Jahre von einem geradezu **»pathologischen Verhältnis« der Deutschen zu ihrer Währung** sprach, kritisierten mich Kollegen im Direktorium für diese Aussage – ihnen war offensichtlich nicht bewusst, dass bei allen Verdiensten der Bundesbank, die ich in keiner Weise schmälern wollte, die Wertschätzung der D-Mark und damit auch das hohe Ansehen der Bundesbank alles andere als den »Normalfall« darstellten und in großem Maße den besonderen Umständen der Nachkriegszeit geschuldet war. Ich wollte mit meiner Bemerkung, die ich aus diesem Grunde später mehrfach wiederholt habe, auch vor überzogenen Erwartungen an die künftige europäische Währung warnen. In anderen europäischen Ländern wurde bei aller Hochachtung diese Affinität der Deutschen zu ihrer Währung durchaus zwiespältig gesehen. Jaques Delors, der ehemalige Präsident der Europäischen Kommission soll einmal gesagt haben: »Nicht alle Deutschen glauben an Gott, aber alle glauben an die Deutsche Bundesbank«. Ob dies nun stimmt oder nicht, diese Aussage spiegelt das ambivalente Verhältnis zwischen Spott und Bewunderung trefflich wider.

Die komplexe Struktur der Bundesbank mit dem Direktorium in Frankfurt und den sehr auf ihre **Selbstständigkeit bedachten Landeszentralbanken** bekam ich bei der folgenden Begebenheit persönlich zu spüren. Mit hohen Mindestreservesätzen hat die Bundesbank immer wieder versucht, die Liquidität der Banken einzudämmen. Bei meinem Amtsantritt betrug der höchste Reservesatz über 12 Prozent. Da die Mindestreserveguthaben der Banken nicht verzinst wurden, wirkte dies wie eine Steuer. Als Folge versuchten die Banken dieser Belastung auszuweichen und verlagerten in hohem Maße Einlagen in das mindestreservefreie Luxemburg. Von dort konnten dann die Kredite entsprechend günstiger an Unternehmen in Deutschland ausgereicht werden. Dieser Vorteil fiel umso größer aus, je höher die Notenbankzinsen in Deutschland waren. Damit unterminierte die Bundesbank ihre eigene Politik und beförderte gleichzeitig den Finanzplatz Luxemburg. Um unsere Geldpolitik wirksamer zu machen, schlug ich daher vor, die Mindestreservesätze deutlich zu verringern. Dieser Vorschlag schien auf Wohlwollen zu stoßen, als Herr Schlesinger darauf hinwies, für solche Fragen sei der dafür eingerichtete Mindestreserveausschuss zuständig. Bald musste ich erkennen, dass dieses Prozedere in Wirklichkeit das Aus für meinen Vorschlag bedeutete. In diesem Ausschuss hatten nämlich die Vertreter der Landeszentralbanken eine deutliche Mehrheit. Dort waren nicht weniger als tausend Mitarbeiter damit beschäftigt, die Einhaltung der sehr detaillierten Mindestreservebestimmungen zu überwachen. Gegen diese Interessen hatte mein geldpolitisch begründeter Vorschlag nicht den Hauch einer Chance. Aus dieser Erfahrung habe ich gelernt und später auf anderem Wege eine deutliche Reduzierung der Mindestreservesätze durchgesetzt. Damit und mit einer rigorosen Vereinfachung des Systems war auch meine Absicht erfolgreich, die Mindestreservepolitik für das geldpolitische Instrumentarium der EZB attraktiv zu machen.

Politiker haben die Bundesbank und ihr Führungspersonal wegen des herausragenden Ansehens und des damit verbundenen Einflusses verständlicherweise beneidet. Dazu hat auch das mitunter arrogante Auftreten von Bundesbankern auf allen Ebenen der Hierarchie beigetragen. Wegen der besonderen Stellung der Bundesbank in der deutschen Öffentlichkeit haben nur wenige aktive Politiker die Bundesbank attackiert. Der berühmteste Fall ist die sogenannte **Gürzenich-Rede Bundeskanzler Adenauers vom 23. Mai 1956** – benannt nach dem Ort der Rede –, in der er die vorausgegangene Diskonterhöhung der Notenbank mit scharfen Worten – Fallbeil für die kleinen Leute – heftig kritisierte. Selbst er musste erkennen, dass er im Kampf um die öffentliche Meinung am Ende keine Chance gegen die Bundesbank hatte. Zahlreiche, meist ironisch gemeinte Kommentare galten der Person des Bundesbankpräsidenten, der schon einmal als »Ersatzkaiser« karikiert wurde; diese Charakterisierung bestätigt meine These vom nationalen Vakuum, das der Zweite Weltkrieg hinterlassen hatte. Eine volle Breitseite feuerte der **ehemalige Bundeskanzler Helmut Schmidt**, der die restriktive Geldpolitik der Bundesbank für seinen Amtsverlust verantwortlich machte, gegen den damaligen Bundesbankpräsidenten Hans Tietmeyer ab. In einem langen offenen Brief, der in der *Zeit* vom 8. November 1996 veröffentlicht wurde, hielt er Tietmeyer persönlich alle Fehler vor, die nach seiner Meinung die Bank unter dessen Führung gemacht haben soll. Die Kritik galt vor allem den Auswirkungen auf den Prozess zur Europäischen Währungsunion. Der Brief schließt mit folgenden Worten. »Es ist nicht angenehm, wenn einer vom De-facto-Währungskönig herabgestuft werden soll zum Filialdirektor der Europäischen Zentralbank. Die Wirkung Ihrer Argumente läuft darauf hinaus, solches zu verhindern. Ihre Wirkung im Ausland weckt tiefes Unbehagen. Ihre Wirkung im Inland steigert die hypochondrischen deutschen Ängste vor jeder Innovation. Ihre Ziele mögen positiv europäisch sein, Ihre Wirkungen dagegen sind negativ.«

Ich war mir immer bewusst: Die Unabhängigkeit als ernannter Experte, der sich nicht dem Test von Wahlen stellen muss, ist ein Privileg, das dazu verpflichtet, persönliche Verantwortung für eine stabilitätsorientierte Geldpolitik zu übernehmen.

Nicht wenige Beobachter haben die Bundesbank als eine Art Festung gesehen, getragen von einer geschlossenen Führung und Belegschaft. In gewisser Weise traf das auch zu. Die Kehrseite war eine strikte Hierarchie mit all ihrer Problematik, aber auch die Basis für viele Jahre erfolgreicher Geldpolitik.

Die Kollegen

Als ich 1990 zur Bundesbank kam, standen an deren Spitze Karl Otto Pöhl als Präsident und Helmut Schlesinger als Vizepräsident. Dieses so ungleiche Duo muss man als Glücksfall für die Bank und deren Politik bezeichnen. Pöhl glänzte auf der internationalen Bühne und führte die Bank mit unbestrittener Souveränität. Schlesinger galt schon seit vielen Jahren als Garant einer Geldpolitik, die unbeirrbar auf Geldwertstabilität ausgerichtet war. Vermutlich war die Bundesbank nicht zuletzt wegen des Wirkens dieses Teams auf dem Höhepunkt ihres Ansehens. Dabei hätten die Unterschiede zwischen diesen beiden starken Charakteren kaum größer sein können. Aus der Nähe konnte ich die immer nur latenten Spannungen beobachten. Eine kleine Episode, bei der es ausnahmsweise einmal zu einem kleinen, aber typischen Ausbruch kam, mag dies erhellen. Herr Pöhl hatte entschieden, dass wir zur Sitzung des Zentralbankrats in Berlin einen Flieger chartern, mit mir als drittem Passagier. In aller Frühe fand ich mich rechtzeitig in dem kleinen Terminal ein, in dem Herr Schlesinger schon wartete. Vom Präsidenten keine Spur, was Schlesinger zunehmend ungeduldig und schließlich zornig werden ließ. Schlesinger zu mir: Immer kommt der ... zu spät. Schließlich: Wir warten nicht länger, wir fliegen jetzt. Ich konnte immer wieder nur einwenden, wir können doch nicht ohne den Präsidenten fliegen. Als schließlich Pöhl erschien, stürzte Schlesinger auf ihn zu: Immer kommen Sie zu spät. Pöhl darauf mit demonstrativer Gelassenheit: Und jetzt bin ich da. Als Neuling konnte ich – und nicht nur bei dieser Gelegenheit – von beiden einiges lernen.

Völlig überraschend erklärte Pöhl im Mai 1991 seinen Rücktritt. Anlass war die Kontroverse mit der Bundesregierung über den Umtauschkurs der Mark der DDR. Geplant hatte er diesen

Schritt aus verschiedenen persönlichen Gründen aber schon länger.

Der Zentralbankrat stellte das oberste Entscheidungsgremium dar. Ihm gehörten die Mitglieder des Direktoriums, an deren Spitze der Präsident der Bundesbank, und die Präsidenten der Landeszentralbanken an. Die Beschlüsse zur Geldpolitik wurden mit Mehrheit getroffen und im Allgemeinen in der Öffentlichkeit von allen Mitgliedern mitgetragen. Da die Stimmenverteilung nicht bekanntgegeben wurde, herrschte weitgehend der Eindruck eines geschlossenen Blocks. Sehr bald konnte ich jedoch erkennen, dass es sich in Wirklichkeit um ein durchaus fragiles Gebilde handelte. Grundsätzlich waren sich die Mitglieder einig über einen auf Geldwertstabilität ausgerichteten Kurs der Geldpolitik. Bei den konkreten Entscheidungen gab es jedoch immer wieder widerstreitende Meinungen. Maßgeblich für den letztlich dominierenden Zusammenhalt war die starke Führungsrolle Schlesingers in Fragen der Geldpolitik, der sich jeweils eine deutliche Mehrheit anschloss.

Wie hätte ich zu Beginn voraussehen können, dass ich während meiner ganzen Amtszeit diesen Einfluss auf den Entscheidungsprozess im Zentralbankrat nicht nur halten, sondern sogar noch steigern konnte? Dabei ist zu bedenken, dass die meisten Präsidenten der Landeszentralbanken eine ganz unterschiedliche parteipolitische Herkunft aufwiesen. Soweit sie sich – und das waren die meisten – der Mehrheit anschlossen, war dies nach meiner Erkenntnis dem Konsens über die Mission der Bundesbank zuzuschreiben.

Ich habe in diesem Zusammenhang vom **»Becket-Effekt«** gesprochen. Der englische König Heinrich II. war des steten Ärgers mit dem Erzbischof von Canterbury leid. Als dieser starb, bestimmte der König seinen engsten Freund und Kumpanen Thomas Becket zum Nachfolger. Dieser warnte den König: Wenn ich Erzbischof von Canterbury bin, werde ich auch als solcher handeln. So kam es denn auch und der König hatte nach dieser Ernennung eher noch größeren Ärger am Hals. Diese Spannung führte schließlich zur Ermordung Beckets in der Kathedrale von Canterbury im Jahre 1170. Dieser wurde dann wenige Jahre später heilig gesprochen.

Von derartigen Vorkommnissen in der Welt der Notenbanken ist bis heute nichts bekannt. (In einem exotischen Land soll vor nicht allzu langer Zeit ein unliebsamer Notenbankpräsident unter ungeklärten Umständen aus dem Fenster gestürzt sein. An Entlassungen, siehe Türkei, besteht allerdings kein Mangel.) Dass jedoch der politische »Entsender« mit der Tätigkeit der ernannten Person anschließend in der Notenbankleitung alles andere als zufrieden war, ist sicher keine Einzelerscheinung. Darüber hinaus kann man vom Becket-Effekt als einem Phänomen sprechen, das in verschiedenen Bereichen der Politik immer wieder eine Rolle spielt.

Aus dieser Beobachtung folgte für mich persönlich die Erkenntnis, dass mit der mir übertragenen Zuständigkeit für Fragen der Geldpolitik eine weit größere Aufgabe verbunden war. Die Dimension meiner Verantwortung wurde mir weiter klar, als im November 1990, also einen Monat nach meiner Ernennung, eine dicke Mappe »Pressestimmen zum Monatsbericht der Bundesbank« auf meinem Schreibtisch landete. Kaum eine Zeitung in der Bundesrepublik, die nicht ausführlich, und zwar durchweg positiv berichtete. Gerade die großen, überregionalen Zeitungen verbreiteten seitenweise faktisch den Inhalt des Monatsberichts. Die Voraussetzung für diese umfangreiche Berichterstattung war ein Embargo von drei Tagen, nachdem die Journalisten den Bericht erhalten hatten. Damit hatten sie Zeit für ihre Arbeit, die sie schon vorweg für das ganze Jahr im Kalender eingetragen hatten. In der heutigen Medienlandschaft kann man sich das nicht mehr vorstellen. Diese Praxis, die bis auf die Anfänge der Bank deutscher Länder,

der Vorgängerin der Bundesbank, zurückging, eröffnete der Bundesbank einen **einmalig großen Einfluss auf die öffentliche Meinung**. Eine wichtige Grundlage war das durch sorgfältigste Arbeit erworbene Vertrauen in die Richtigkeit der im Monatsbericht veröffentlichten Daten. In vielen Gesprächen, etwa mit Vertretern der Gewerkschaften, die keineswegs mit dem Inhalt einverstanden sein mussten, habe ich dies bestätigt gesehen. So erinnere ich mich noch gut an eine heftige Auseinandersetzung mit dem damaligen Vorsitzenden der IG Metall Steinkühler, in der er unsere Geldpolitik als zu restriktiv massiv kritisierte. Er unterlegte seine Argumentation mit Zahlen, die ich mit Hinweis auf abweichende Daten im Monatsbericht zurückwies. Selbst er, dem es weder an Selbstbewusstsein noch Schärfe in der Debatte mangelte, stellte unsere Zahlen nicht in Frage und konnte damit seine Position nicht mehr überzeugend belegen.

Die inhaltliche Verantwortung für den Monatsbericht, auch wenn dieser formal vom ganzen Direktorium verabschiedet wurde, sollte dann ein wesentlicher Bestandteil meiner Arbeit sein. Damit war auch die Möglichkeit eröffnet, zum jeweils geeigneten Zeitpunkt Themen aufzugreifen, die wie etwa die Situation der Rentenversicherung oder der Finanzpolitik nicht unmittelbar in den Zuständigkeitsbereich der Bundesbank fielen. Kritik von Seiten der politisch »Betroffenen« konnte erwartungsgemäß nicht ausbleiben, oft verbunden mit dem Hinweis, die Bundesbank poche stets mit größter Intensität auf ihre Unabhängigkeit und Souveränität auf ihrem ureigenen Gebiet, mische sich aber ungeniert in andere Bereiche der Politik ein. Nach meinem Eindruck haben aber gerade solche Berichte in der Öffentlichkeit große und überwiegend zustimmende Resonanz gefunden.

Als früherer Leser des Monatsberichts fand ich die optische Darstellung wenig ansprechend, um es milde auszudrücken. So leitete ich einen Prozess zur Neugestaltung des Layouts ein, das bis heute Gültigkeit besitzt. Auch inhaltlich galt es einiges zu verändern. So hatte etwa die Bundesbank bis dahin **nie von einer Rezession** gesprochen, erst nachträglich erschien eine solche Kennzeichnung in den veröffentlichten statistischen Reihen. Der Grund für diese verbale Zurückhaltung, es war meist die Rede von einer »wirtschaftlichen Abschwächung«, war offensichtlich. Die Bundesbank wollte nicht für die Krise und den damit verbundenen Anstieg der Arbeitslosigkeit verantwortlich gemacht werden. Im Jahre 1993 fiel Deutschland in eine tiefe Rezession. In alter Tradition schrieben meine Mitarbeiter zunächst von einem Konjunkturabschwung. Ich griff in den Text mit dem Begriff »Rezession« ein. Herr Schlesinger, der in alter Gewohnheit und wohl als Einziger im Direktorium die Texte las, erschien darauf in meinem Büro und versuchte in einer immer hitzigeren Diskussion, mich von meinem Standpunkt abzubringen. Als er darauf bestand, als Bundesbankpräsident seine Meinung durchzusetzen, wies ich ihn darauf hin, dass für die Verabschiedung des Monatsberichts das Direktorium verantwortlich sei. Das hatte zwar noch nie eine Rolle gespielt, war aber formal zutreffend. Darauf wollte sich Herr Schlesinger jedoch nicht einlassen, da er einerseits wohl ahnte, dass er eine solche Abstimmung nicht gewinnen würde, andererseits aber mit gutem Grund eine Einmischung des Direktoriums nicht provozieren wollte. Schließlich warf er die Tür mit der Bemerkung zu: Dann schreiben Sie, was Sie wollen. Am Ende erschien dann der erste Monatsbericht, in dem der Begriff Rezession zur Charakterisierung der wirtschaftlichen Lage verwendet wurde. Es versteht sich von selbst, dass diese Praxis dann fortgesetzt wurde. Anders als von mir zunächst befürchtet, hat meine persönliche Beziehung zu Herrn Schlesinger nicht unter dieser Konfrontation gelitten.

Meine Mitarbeiter

Ich war mir sicher, ich würde von Herrn Schlesinger ein hervorragendes und eingespieltes Team von Mitarbeitern übernehmen. Diese Erwartung hat sich rasch bestätigt. Überrascht war ich dennoch von dem hohen Engagement auch bei denen, die teilweise schon weit mehr als zehn Jahre bei der Bundesbank beschäftigt waren. **Die Identifikation mit der Bundesbank** mag am besten diese Begebenheit belegen: Mit Mervyn King, dem damaligen Chefökonomen der Bank of England, pflegte ich einen regelmäßigen Gedankenaustausch. Als ich ihn wieder einmal nach Frankfurt einlud, fragte er mich vorher, ob er auch mit einigen meiner Mitarbeiter sprechen könne. Ich schlug ihm vor, er solle doch einfach einmal in meiner volkswirtschaftlichen Abteilung durchs Haus gehen und anklopfen, wo immer er wolle. Am Abend berichtete er mir. Er stellte jeder Mitarbeiterin und jedem Mitarbeiter am Ende des Gesprächs die gleiche Frage: Warum arbeiten Sie bei der Bundesbank? Und immer bekam er die Antwort: Meine Arbeit gilt der Stabilität der D-Mark. Diese Einstellung hat ihn sehr beeindruckt. Als er nämlich zuvor in der Bank of England das gleiche Verfahren praktiziert hatte, waren die Reaktionen völlig anders. Vorwiegend galten die Antworten der eigenen Karriere, überwiegend im Bereich der Wissenschaft.

Wie sehr dieser Geist das ganze Haus durchzog, konnte ich nicht zuletzt bei den Gelegenheiten erfahren, bei denen ich es mir nie nehmen ließ, Mitarbeitern für ihre 40-jährigen Dienste zu danken. Bis auf ganz seltene Ausnahmen wählten sie nicht das Geldgeschenk, sondern die Verdienstmünze. Und gerade bei den zahlreichen Personen aus dem Kreis eher niedrig besoldeter Mitarbeiter im Bereich Statistik war der **Stolz, für die Bundesbank zu arbeiten**, besonders auffällig. Ich konnte mir gut vorstellen, wie diese Frauen und Männer am Abend beim

Kegeln oder bei anderen privaten Aktivitäten mit Stolz von ihrer Arbeit für die in Deutschland so hoch angesehene Institution berichteten. Als es dann später um die Vorbereitung auf die Europäische Währungsunion ging, war mir auch auf Grund dieser Erfahrung bewusst, wie das Ende der D-Mark und der damit verbundene Bedeutungsverlust das ganze Haus erschüttern musste.

Als ernüchternd erwies sich eine andere Erkenntnis. Nicht nur trat die Bundesbank nach außen oft wie eine Festung auf, auch innerhalb waren die einzelnen Bereiche gegeneinander streng abgegrenzt. In meinem Dezernat war die Arbeit strikt hierarchisch organisiert. Schon in den ersten Tagen erlebte ich, wie fast jede Anfrage vom Dezernenten über den Hauptabteilungsleiter bis zum Ökonomen auf der untersten Dienststufe lief und die Stellungnahme dann denselben Weg zurück bis zu mir nahm. Schon nach zwei Wochen habe ich diesen Unfug abgestellt und die Führungsebene davon informiert, dass ich ab sofort mich direkt mit dem zuständigen Experten in Verbindung setzen werde. Die jeweiligen »Vorgesetzten« reagierten zunächst alles andere als begeistert, haben sich dann aber recht schnell an die sehr viel effizientere Organisation gewöhnt.

Die hierarchische Unterordnung war jedoch im Bewusstsein sehr viel tiefer verankert, als ich mir das vorstellen konnte. Als ich in der Vorbereitung auf die künftige Europäische Währungsunion (unter anderem) um eine Ausarbeitung zum Thema »Indexierung« bat, machte ich eine geradezu schockierende Erfahrung. Dazu muss man Folgendes wissen. In § 3 des Währungsgesetzes von 1948 war faktisch ein Verbot der Indexierung verankert. Damit wollte man die neue Währung vor einem Vertrauensverlust durch Wertsicherungsklauseln schützen. Diese hatten in der Hyperinflation von 1922/23 eine große Rolle gespielt. Wegen des rapiden Verfalls der Mark wurde in vielen Verträgen die Rückzahlung einer Schuld an die

Preisentwicklung von Gütern wie Roggen etc. gebunden. Nach dem genannten §3 setzte die Rechtswirksamkeit von Wertsicherungsklauseln eine Genehmigung durch die Bundesbank voraus. Diese wurde zum Beispiel für eine Vielzahl von Verträgen erteilt, in denen die Höhe der monatlichen Miete an die Entwicklung des Gehalts eines Oberinspektors im öffentlichen Dienst gebunden war. Die Bundesbank versagte jedoch allen Anträgen im Bereich des Geldverkehrs ihre Anerkennung. In diesem Verhalten konnte man gewissermaßen geradezu eine Doktrin der Bank sehen.

Ich hatte mich schon viele Jahre vorher in wissenschaftlichen Beiträgen kritisch dazu geäußert. Jetzt ging es um die Frage, ob eine solche Klausel auch für die künftige europäische Währung eingeführt werden sollte. Nach einiger Zeit landete die angeforderte Ausarbeitung auf meinem Schreibtisch. Die Lektüre machte mich sprachlos, die Argumentation war schlichtweg unhaltbar. Ich rief den Autor, einen jungen und nach meiner Überzeugung sehr fähigen Ökonomen an und bat ihn, bei mir vorbeizukommen. Ich konfrontierte ihn mehrfach mit der Frage, wie er denn diesen oder jenen Satz schreiben konnte. Schließlich gestand er mir, dass seine ursprüngliche Fassung ganz anders ausgesehen hatte. Auf dem Weg zu mir hatte sich der Text auf jeder »Stufe« immer mehr verändert. Die Vorgesetzten hatten seine Arbeit in ein Papier verwandelt, das die traditionelle Position der Bundesbank replizierte. Ich berief ein größeres Meeting ein um klarzumachen, dass ich immer eine wissenschaftlich fundierte Ausarbeitung erwartete, bei der sich der Autor frei von etwaigen früheren Festlegungen fühlen sollte. Es wäre dann meine Aufgabe je nach Thema zu entscheiden, welche Position die Bank gegebenenfalls nach außen einnehmen sollte.

Der Weg, fest eingefahrene Traditionen aufzubrechen, war also sehr viel steiniger, als ich mir das vorgestellt hatte. Es ging mir gewiss nicht darum, die Mitarbeiter zu kritisieren, sondern sie aus alten Denkmustern zu befreien und für einen offenen Meinungsaustausch zu motivieren. Um vor allem jungen Mitarbeitern die Chance für die Arbeit an einem größeren Projekt zu bieten und die Mannschaft insgesamt für die Zeit nach der D-Mark und die Zusammenarbeit mit den anderen Notenbanken in der Währungsunion vorzubereiten, **wollte ich der Forschung Raum verschaffen**. In einer Zeit, in der die Bundesbank deutschlandweit Filialen schloss und den Personalabbau vorantrieb, war es nicht einfach, den Wunsch nach zusätzlichen Stellen durchzusetzen. Tietmeyer, der inzwischen Präsident der Bank geworden war, hatte volles Verständnis für meine Absicht und so konnte ich fünf neue Positionen einrichten. Meine Idee war, vor allem junge Ökonomen oder Ökonominnen ein halbes Jahr – mit der Möglichkeit der einmaligen Verlängerung – von der routinemäßigen Arbeit freizustellen, damit sie ein Thema wissenschaftlich bearbeiten konnten. Alle Mitarbeiter waren eingeladen, Themenvorschläge zu machen und sich zu bewerben. Ich selbst gab eine Liste von möglichen Themen bekannt.

Ein Problem lag mir damals besonders am Herzen. Nach der Öffnung des Eisernen Vorhangs mehrten sich die Nachrichten, dass die D-Mark im Osten Europas **zunehmend als Zahlungsmittel** verwendet wurde. Die Bundesbank verfolgte das Ziel, mit der Kontrolle der Geldmenge den Preisauftrieb in Grenzen zu halten, sprich die D-Mark stabil zu halten. Soweit die D-Mark jedoch im Ausland umlief, stellte dieser Teil der Geldmenge keine Inflationsgefahr dar. Bei der Formulierung des Geldmengenziels war dieser Effekt, sollte er größer ausfallen, entsprechend zu berücksichtigen. Als ich meine Statistiker fragte, was wir über den D-Mark-Umlauf im Ausland wissen, verwiesen sie mich auf eine Fußnote zu den statistischen Reihen. Sie informierten mich auch, dass die dort genannten Zahlen nicht zuletzt auf eine länger zurückliegende Umfrage unter

Gastarbeitern bei der Grenzüberschreitung zur Heimreise im Urlaub zurückgingen. Inzwischen erhielt ich Informationen, dass man etwa in Moskau nicht nur mit D-Mark bezahlen konnte, sondern sogar Wechselgeld in der deutschen Währung zurückerhielt. Der D-Mark-Umlauf musste also deutlich gestiegen sein. Damit war offenkundig, dass der in unserer Statistik unverändert ausgewiesene Wert allenfalls historischen Charakter besaß und die aktuelle Entwicklung nicht entfernt erfasste. (Die US-Notenbank war übrigens schon lange mit dem gleichen Problem konfrontiert und kam in einer Studie auf einen Dollarumlauf im Ausland meiner Erinnerung nach von rund 70 Prozent.)

Ich stellte das Thema »D-Mark-Bargeldumlauf im Ausland« an die erste Stelle der Prioritätenliste. Ein junger Ökonom bewarb sich für dieses Projekt und legte schließlich eine Arbeit mit dem Ergebnis vor, dass 30 bis 40 Prozent des D-Mark-Bargelds im Ausland umliefen. Ich schickte diese wichtige Arbeit zunächst an meine – von der Studie und dem Ergebnis beeindruckten – Kollegen im Direktorium und machte sie dann zum Thema im Monatsbericht. Schließlich wagte ich den nächsten Schritt – den ich von Anfang an im Sinn hatte – und schlug vor, eine Reihe »Forschungspapiere« einzurichten, selbstverständlich unter dem **Namen des jeweiligen Autors.** Man mag sich das heute nicht mehr vorstellen, aber damit veranlasste ich einen Tabubruch. Bis dahin gab es grundsätzlich keine Veröffentlichung eines Mitarbeiters der Bundesbank unter eigenem Namen! Nicht unerwartet erhielt ich den Anruf eines früheren Präsidenten, der mir zu meiner bisherigen Arbeit hohes Lob aussprach, diesen Schritt aber als großen Fehler bezeichnete.

Diese kleine Forschergruppe bildete den Kern für das Forschungszentrum der Bundesbank, das heute hervorragende Arbeit leistet und laufend wichtige Publikationen veröffentlicht.

Schlüsselszenen der Geldpolitik

Meine wichtigste Aufgabe war es, die Geldpolitik der Bank gegebenenfalls konzeptionell weiterzuentwickeln, die geldpolitischen Entscheidungen vorzubereiten und in den Sitzungen des Zentralbankrats vorzutragen. Dort wurde mit Mehrheit der Stimmen entschieden. Besonders wichtige Entscheidungen wurden dann in einer Pressekonferenz erläutert. Im Regelfall saß ich dabei an der Seite des Präsidenten, der mir bei wichtigen ökonomischen Aspekten das Wort gab. Ansonsten galt es, unsere Politik im Monatsbericht und in zahlreichen Vorträgen gut begründet, aber auch so verständlich wie möglich zu erklären.

Je länger ich im Amt war, desto mehr konnte ich mich vor Einladungen vor allem aus dem Bereich der Sparkassen und Genossenschaftsbanken kaum retten. Die Resonanz fiel so gut wie immer überwältigend aus. Oder anders formuliert, auch große Säle waren stets voll besetzt. Das hatte viel mit dem Ansehen der Bundesbank zu tun, aber auch mit der **Sorge der Bürger um den Wert ihres Geldes**. So sprach ich einmal an einem Mittwochabend in einer größeren süddeutschen Stadt auf Einladung der örtlichen Sparkasse vor knapp 1.000 Besuchern. Der Vorstand begrüßte mich und nahm den großen Andrang als Ausweis meiner Bekanntheit. Meine Begrüßung lautete ganz anders: Wenn an einem Abend wie diesem, bei schmuddeligem Winterwetter und der Übertragung eines Europapokalspiels so viele Menschen zu einem Vortrag mit dem an sich wenig einladenden Titel »Die Geldpolitik der Deutschen Bundesbank« kommen, muss die Sorge der Besucher sehr groß sein. Wie dem auch sei, den Beleg für das hohe Vertrauen in die von mir vertretene Institution habe ich vielfach erfahren, aber gleichzeitig die hohe Erwartung an uns als Ansporn und Bürde zugleich empfunden. Bei den Fragen im Anschluss an meine Vorträge habe ich oft erlebt, dass die Besucher immer wieder Wünsche für Vorhaben an die Bundesbank richteten, für die sie keine Kompetenz besaß. Als etwa wieder einmal die Diäten der Bundestagsabgeordneten in der Diskussion waren, schlugen bei verschiedenen Gelegenheiten die Zuhörer vor, diese Frage sollte durch die Bundesbank entschieden werden. Das gab mir dann Gelegenheit zu konkretisieren, was unsere Unabhängigkeit bedeutet und warum sie auf die Ausfüllung unseres Mandats begrenzt sein muss.

Aus den knapp acht Jahren Geldpolitik unter meiner Verantwortung will ich nur wenige besondere Momente hervorheben.

Die erste, und zwar unmittelbar nach meinem Amtsantritt im Oktober 1990, und besonders große Herausforderung lag in der Entscheidung für das **Geldmengenziel im folgenden Jahr**. Die Bundesbank hatte zum ersten Mal ein Ziel für die Geldmenge im Jahr 1975 bekanntgegeben. Das war damals eine bahnbrechende Entscheidung, mit der sich die Bundesbank dem Monetarismus öffnete, der übermäßiges Geldmengenwachstum als die entscheidende Ursache für Inflation identifiziert hatte. Wegen der starren Bindung an den US-Dollar musste die Bundesbank immer größere Dollarbeträge aus dem Markt nehmen und im Gegenwert D-Mark in den Markt einschleußen. Die Bank hatte die Kontrolle über den Geldumlauf verloren, sie war geldpolitisch gesehen zu einer Umtauschstelle für hereinfließende Dollars degradiert. Das änderte sich erst mit der Freigabe des Wechselkurses der D-Mark zum US-Dollar im März 1973. In der Folge hat die Bank Jahr für Jahr, mit einer Reihe von inhaltlichen Anpassungen, an der Praxis eines Geldmengenziels festgehalten – und zwar bis zum Ende der D-Mark im Jahre 1998. Was lag also näher, als diese Tradition auch für 1991 einfach fortzusetzen? Entsprechend erhielt ich von meinem Stab eine umfangreiche Ausarbeitung in der Tradition der Vorjahre. Inzwischen hatten sich jedoch die Umstände durch die Wiedervereinigung fundamental geändert. Es galt jetzt, die **Geldpolitik für eine um die ehemalige DDR erweiterte Volkswirtschaft zu gestalten.** Die Schätzungen etwa für das Produktionspotenzial der vorherigen DDR-Wirtschaft gingen weit auseinander und waren mit extremer Unsicherheit behaftet. Die Märkte im Osten, auf welche die Betriebe ausgerichtet waren, waren vollständig zusammengebrochen. Wie ich mich später auf einer längeren Reise selbst überzeugen konnte, waren die Anlagen, Gebäude und Maschinen in einem beklagenswerten Zustand. Auch wenn Umweltprobleme damals noch kaum ein Thema waren, zeigte allein die gesundheitsbedrohende Luftverschmutzung etwa im Raum Bitterfeld, welch gravierende Probleme auf Politik und Wirtschaft zukamen. Auf der anderen Seite war mit dem großzügigen Umtauschkurs für die schwache Mark der DDR eine Ausweitung der DM-Geldmenge entstanden, von der Bedrohungen für die Preisstabilität ausgingen. Schließlich konnte niemand das wirtschaftliche Verhalten der neuen Bundesbürger vorhersehen. Auf welcher Basis sollten wir unter diesen Umständen für 1991 ein Geldmengenziel für den erweiterten DM-Währungsraum festlegen?

Ich diskutierte alle einschlägigen Probleme intensiv mit meinen Mitarbeitern. Das führte zu einer völlig veränderten Vorlage für den Zentralbankrat. Nicht zuletzt legte ich besonderen Wert auf die Begründung, warum wir trotz der hohen Unsicherheit an der Praxis eines Geldmengenziels festhalten sollten. Diese Frage war nicht einfach mit Ja oder Nein zu beantworten. Entscheidend war für mich, dass die Bundesbank kein zusätzliches Signal in dieser Zeit höchster Unsicherheit geben sollte, zumal auch alle anderen denkbaren strategischen Varianten unter diesen Umständen keine bessere Lösung versprachen. Gerade mit der Offenlegung der Probleme konnte ich den Zentralbankrat überzeugen. So wurde also auch für 1991 ein Geldmengenziel beschlossen. Diese Entscheidung wurde anschließend der Öffentlichkeit mit ausführlichen Erläuterungen bekanntgegeben. Mit dem Resultat dieser transparenten Kommunikation – und zwar in der Bevölkerung wie auf den Finanzmärkten – konnten wir zufrieden sein. Die Bundesbank hatte überzeugend dargelegt, dass sie auch unter den schwierigen Bedingungen der deutschen Wiedervereinigung an ihrem Kurs der Geldwertstabilität festhalten werde.

Die mit der **Wiedervereinigung verbundenen Herausforderungen** sollten die Geldpolitik der nächsten Jahre bestimmen. Der rapide Anstieg der Staatsausgaben führte zu einem hohen Defizit der Finanzen des Bundes. In der Leistungsbilanz wurde der gewohnte Überschuss durch ein hohes Defizit abgelöst. Die Inflationsrate im Westen – für die neuen Bundesländer machte die abrupte Anpassung an marktgerechte Preise eine entsprechende Rechnung obsolet – überschritt bald die 4-Prozent-Marke. Um das Vertrauen der weltweit agierenden Anleger in die Stabilität der D-Mark aufrechtzuerhalten, setzte die Bundesbank auf meinen Vorschlag hin ihre Zinssätze bis auf ein Rekordhoch (für den Lombardsatz von 9,45 Prozent) herauf. Diese Politik stieß erwartungsgemäß auf starke Kritik. Politiker und Gewerkschaften versuchten Druck auf die Bundesbank auszuüben mit dem Argument, unter den historisch einmaligen Bedingungen solle die Bundesbank Flexibilität zeigen, sich vorübergehend von ihrem Kurs strikter Geldwertstabilität abkehren und den Aufbau Ost mit niedrigen Zinsen unterstützen. Diesen Überlegungen hielten wir entgegen, es komme gerade unter diesen Bedingungen auf die für Investitionen entscheidenden langfristigen Zinsen an. Diese würden jedoch deutlich steigen, ginge das Vertrauen in die Stabilität der D-Mark verloren.

Noch schärfer fiel die **Kritik aus dem europäischen Ausland** aus. Soweit die Länder im Festkurssystem des Europäischen Währungssystems (EWS) an die D-Mark gebunden waren, mussten sie dem Zinsanstieg der Bundesbank trotz schwacher Konjunktur folgen, wenn sie ihre Währung nicht abwerten wollten. Wegen ihrer stabilitätsorientierten Geldpolitik spielte die Bundesbank schon seit Jahren eine Führungsrolle in Europa. Auf der anderen Seite war sie jedoch nach dem Gesetz auf Preisstabilität im Inland verpflichtet. Bei vielen Vorträgen im Ausland habe ich darauf verwiesen, dass die künftige Europäische Währungsunion entscheidend auf der Stabilität der wichtigsten Währung gegründet sein muss. Eine geschwächte D-Mark, die das Vertrauen der Menschen und der Märkte einbüßt, würde das ganze Projekt der inzwischen in Maastricht beschlossenen Europäischen Währungsunion gefährden und die Europäische Zentralbank müsste ihre Geldpolitik unter extrem schwierigen Bedingungen beginnen. Wie sollte die neue Währung Euro Vertrauen gewinnen, wenn eine geschwächte D-Mark vorher ihre Ankerfunktion verloren hätte?

Nach wenigen Jahren ging die Inflationsrate in Deutschland wieder auf das angestrebte Niveau von rund 2 Prozent zurück und nach Überwindung der Turbulenzen auf den Devisenmärkten leiteten die anderen europäischen Notenbanken einen Kurs der Stabilisierung ein, der die nationalen Inflationsraten in Übereinstimmung mit den sogenannten Konvergenzkriterien und damit dem Kurs der Bundesbank brachten.

Gegenüber diesen schwierigen Herausforderungen der Geldpolitik verlief meine erste Initiative für eine Zinserhöhung sehr viel einfacher. Für die Sitzung des Zentralbankrats am 17. Januar 1991 hatte ich einen solchen Vorschlag vorbereitet. Am Morgen vor der Sitzung erfuhr ich, dass in der Nacht **der Krieg in Kuweit** ausgebrochen war. Zwar hatte dieses Ereignis keine unmittelbaren Auswirkungen auf unsere Einschätzung der geldpolitisch relevanten Lage. Da jedoch die ganze Welt an diesem Tag unter dem Bann dieser Nachricht stand, schien es nicht angebracht, einfach mit »business as usual« fortzufahren.

Ich erklärte dem Rat die Beweggründe und kündigte an, den Vorschlag für eine Zinserhöhung auf die nächste Sitzung des Zentralbankrats zu verschieben. Ich erinnere mich noch deswegen genau an diesen Vorgang, weil ich an diesem 31. Januar vor der Sitzung meinem jüngeren Sohn telefonisch zum Geburtstag gratulierte. Als ich ihm sagte, ich muss mich kurz fassen, weil ich gleich zur Sitzung muss, reagierte er, der mit der neuen Funktion seines Vaters noch wenig anfangen konnte, mit den Worten: Vati, mach bloß keinen … .

In den folgenden (fast) acht Jahren fiel es mir meist viel leichter als gedacht, die Zustimmung einer großen Mehrheit des Zentralbankrats für meine Vorschläge zur Geldpolitik zu gewinnen. Das eine oder andere Mitglied bestand so gut wie immer auf niedrigeren Zinsen, sei es aus einer Art Fundamentalopposition zum bewährten Kurs der Bundesbank, sei es aus für mich nicht überzeugenden Gründen, eine expansivere Politik könne grundsätzlich für mehr Wachstum und Beschäftigung sorgen. Als einer der Landeszentralbankpräsidenten wieder einmal von einer ausgedehnten Auslandsreise zurückkam, hielt ich ihm entgegen: Wie ich gelesen habe, wurden Sie überall als Vertreter der Bundesbank mit großem Respekt empfangen. Sie haben damit das Lob für eine Politik eingefahren, die Sie hier permanent bekämpfen. Das hat mir sicher nicht die Freundschaft des Betreffenden eingetragen, aber den Respekt bei der Mehrheit noch gefördert. Das war aber ein Ausnahmefall – im Übrigen war es immer meine Devise, Verständnis auch für fragwürdige Beiträge zu zeigen, niemand vor den Kopf zu stoßen und damit in eine persönliche Gegnerschaft zu treiben.

Eine Ausnahme ereignete sich in der **schweren Rezession von 1993**. Mit meinen Vorstellungen zu raschen und deutlichen Zinssenkungen stieß ich bei Präsident Schlesinger auf großen Widerstand. Nach heftigen internen Auseinandersetzungen wurde in der Sitzung am 9. September beschlossen, den Diskontsatz und den Lombardsatz um jeweils ½ Prozentpunkt zu senken. Ich bedrängte Herrn Schlesinger mit dem Hinweis auf die Rezession und deren Folgen, die Zinsen weiter zu senken. Sein Renommee als geldpolitischer Hardliner wäre der beste Schutz gegen mögliche Kritik. Nachdem er sich hartnäckig weigerte, versuchte ich Vizepräsident Tietmeyer zu überzeugen, einen solchen Antrag zu unterstützen. Ich war mir sicher, damit die Zustimmung im Zentralbankrat zu gewinnen. Tietmeyer war zwar von meinen Argumenten überzeugt, wollte aber aus verständlichen Gründen keine Konfrontation mit Schlesinger zum Ende von dessen Amtszeit. Als Tietmeyer dann die Präsidentschaft übernommen hatte, schlug ich ihm vor, die Zinsen um 50 Basispunkte zu senken. In einer Reihe von Gesprächen dominierte bei ihm zunächst die Sorge, mit einem solchen Schritt zum Beginn seiner Amtszeit könne das Signal einer Abkehr von der bisherigen strikt auf Geldwertstabilität ausgerichteten Politik der Bundesbank verbunden sein. Ich konnte ihn schließlich vom Gegenteil überzeugen. Eine unter den gegebenen wirtschaftlichen Umständen dringend gebotene Zinssenkung zeuge von Entschlossenheit, seine zunächst bevorzugte Wahl einer späteren Sitzung für diesen Schritt würde dagegen als Zeichen der Schwäche gewertet. Auf seinen Einwand, er müsse dafür den »Kopf hinhalten«, entgegnete ich: Dafür ist der Präsident da, Sie werden dafür auch das angemessene Lob erhalten. Und so kam es. Die Medien sprachen schon fast enthusiastisch von der sichtbar »starken Hand« des neuen Präsidenten. Und es dauerte nicht lange, bis Tietmeyer davon überzeugt war, er selbst habe von Anfang an diese Entscheidung im Sinne gehabt.

Derartige Situationen habe ich des Öfteren erlebt, später auch in der EZB. Ich habe mich damit nicht nur abgefunden. Meine Rolle war es, die Entscheidungen auf Basis der Zusammenarbeit mit meinem Stab vorzubereiten und Mehrheiten in

Entscheidungsgremien zu gewinnen. Diese Rolle konnte ich umso stärker und einflussreicher ausfüllen, je mehr ich mich in der Außendarstellung persönlich zurückhielt.

Erfahrungen mit der Politik

Das Direktorium der Bundesbank hielt laufenden Kontakt zu den Spitzen der Finanzmärkte, aber auch zu den Parteien und gesellschaftlichen Gruppierungen, nicht zuletzt zu den Gewerkschaften. In besonderer Erinnerung ist mir ein **Besuch der SPD-Spitze im Februar 1994** geblieben. Während wir mit dem Vorsitzenden, Herrn Scharping, ein konstruktives Gespräch führten, fiel Herr Lafontaine durch aggressiv vorgetragene Kritik an der Geldpolitik der Bundesbank auf, die seinem Kollegen offensichtlich peinlich war. Die Attacken auf die Bundesbank waren besserwisserisch und inhaltlich ohne Substanz. Das machte einen vernünftigen Meinungsaustausch so gut wie unmöglich. Diesen Herrn sollte ich noch einmal während meiner EZB-Zeit erleben. Am 15. Januar 1999 fand auf Wunsch der deutschen EU-Präsidentschaft im Eurotower ein Meeting der ASEM-Gruppe, der Finanzminister aus den wichtigsten asiatischen Staaten, mit den EU-Finanzministern statt. Auf seinen Wunsch hin begleitete ich EZB-Präsident Duisenberg zu diesem Treffen. Als Ecofin-Präsident leitete Lafontaine die Sitzung. Nach einigen in meinen Augen haarsträubenden ökonomischen Ausführungen war sich Lafontaine rasch mit seinem Kollegen aus China einig, die gute Beschäftigungslage in den USA sei nicht zuletzt der Tatsache zu verdanken, dass die amerikanischen Gefängnisse überfüllt seien. Mit dem Rücktritt Lafontaines im März des gleichen Jahres war diese Episode ständiger Irritationen beendet.

Das **Verhältnis zur Bundesregierung** verlief in diesen acht Jahren, trotz der durch die Wiedervereinigung erzeugten großen Probleme, weitgehend spannungsfrei. Wie üblich wurde die Bundesbankleitung zu den einschlägigen Kabinettssitzungen eingeladen. Dabei begleitete ich als Chefökonom den jeweiligen Präsidenten. Wir betonten immer wieder, dass die Prioritäten in der Finanzpolitik als Folge der Wiedervereinigung geändert werden müssen. Um nicht selbst in Widerspruch zu unserer Forderung zu geraten, mussten wir mit gutem Beispiel vorangehen. Das galt vor allem für das bereits seit Jahren geplante Projekt eines neuen Baus auf dem Gelände der Bundesbank in der Wilhelm-Epstein-Straße. Den Wettbewerb hatte der berühmte Architekt Behnisch gewonnen, Schöpfer unter anderem des Münchner Olympiastadions. Ein Modell dieses architektonisch glanzvollen Plans stand längst in der Eingangshalle und erregte allgemeine Bewunderung. Es war klar, dass die Verwirklichung sehr viel Geld kosten und die bereits vorgelegte schwindelerregende Summe wohl noch überschreiten würde. Das hätte unsere Glaubwürdigkeit als Mahner einer soliden und den Bedingungen der Wiedervereinigung angepassten Finanzpolitik schwer beschädigt. Wir beschlossen daher, sehr zum Missfallen des Architekten, das Projekt aufzugeben und wegen der bereits erbrachten Leistungen lieber eine Vertragsstrafe zu zahlen.

Unter den zahlreichen Sitzungen des Kabinetts der Bundesregierung erinnere ich mich an eine, in der ich zum Verdruss der meisten Minister unabsichtlich zur Verlängerung beigetragen habe. Es ging um die Verabschiedung des Haushalts für das nächste Jahr. Bis auf wenige Punkte war alles bereits im Vorfeld entschieden. Es galt im Wesentlichen, die Zeit bis zum Mittagessen zu überbrücken. **Bundeskanzler Kohl** nutzte die Gelegenheit zu weit ausgreifenden Überlegungen und landete schließlich bei einem Bericht über die Erfahrungen eines seiner Söhne mit dem amerikanischen Universitätssystem. In diesem

Zusammenhang pries er das amerikanische System und forderte, die deutschen Universitäten müssten sich der Konkurrenz einer Evaluierung stellen, wobei er die ganze Zeit mich ansah, der ihm neben Präsident Schlesinger direkt gegenübersaß. Ich musste mich angesprochen fühlen und wies zunächst darauf hin, dass ich schon zu der Zeit, als ich noch Professor an der Universität war, für ein wettbewerbliches System plädiert habe. Es genüge aber nicht, ein Evaluierungssystem einzuführen. Es müsste weiter eine ganze Reihe von Parametern geändert werden. Zum Beispiel müssten Universitäten dann je nach Qualität besser ausgestattet werden und die Möglichkeit haben, ihre Studenten auszuwählen. Ich sehe heute noch, wie sich bei Kohl der Nacken rötete und die Haare aufstellten. Es folgte eine ewig lange Belehrung des »Professors«, von dem er sehr viel mehr wusste, als ich auch nur ahnte. Ich erhielt also bei dieser Gelegenheit ein Privatissime über das von **mir so bezeichnete Amtsdauersyndrom**, das ich im Laufe der Zeit mehrfach beobachten konnte: Mit der Dauer in einer Spitzenposition geht die Fähigkeit, Kritik zu ertragen, schrittweise und am Schluss fast gänzlich verloren.

Von dieser unbedeutsamen Episode zurück zum guten Verhältnis der Bundesbank zur Bundesregierung. Dieses zeigte sich insbesondere in **Fragen der internationalen Politik**. Anders als in anderen Ländern war nicht die Regierung, sondern die Bundesbank Mitglied im Internationalen Währungsfonds. In internationalen Verhandlungen, in denen es um Vorhaben ging, die deutschen Interessen zuwiderliefen, konnte also die Bundesregierung sich grundsätzlich kooperationswillig zeigen, aber mit Verweis auf unüberbrückbaren Widerstand der Bundesbank ihre Zustimmung verweigern.

Der große Respekt der Regierung vor der Unabhängigkeit der Bundesbank bewies sich besonders deutlich in den Ernennungen für das Direktorium. Das zeigte sich schon bei meiner Ernennung, eines Fachmanns ohne parteipolitische Bindung. Auch in der Folge ernannte sie zwei Experten aus den Reihen der Bundesbank, obgleich es an Bewerbern aus Parteikreisen gewiss nicht fehlte. Als Bundeskanzler Kohl zur Feier des 65. Geburtstags von Präsident Tietmeyer nach Frankfurt kam – dieser war kurzzeitig freigestellt worden für die Aufgabe, einen wichtigen Beitrag zur Bewältigung der Probleme bei der Wiedervereinigung zu leisten –, hielt er eine Rede mit einem bemerkenswerten Bekenntnis: Als Bundeskanzler habe ich mich des Öfteren über Entscheidungen der Bundesbank geärgert. Als Bürger dieses Landes bin ich **froh über deren Unabhängigkeit.**

Nur einmal, aber dafür umso heftiger kam es zum Konflikt mit der Bundesregierung. Zu meiner völligen Überraschung erfuhr ich im Frühjahr 1997 von angeblichen Plänen der Bundesregierung, **die Bundesbank solle ihre Goldreserven aufwerten und den so entstehenden Gewinn an den Bund ausschütten**. Hintergrund war die Befürchtung, Deutschland könne das Konvergenzkriterium von 60 Prozent der öffentlichen Schulden im Verhältnis zum Sozialprodukt für den Beitritt zur Europäischen Währungsunion verfehlen. Ich war von dieser Nachricht schockiert, schließlich waren wir peinlich darauf bedacht, dass im Vorfeld Manipulationen der Konvergenzkriterien unterbleiben. Beim »creative accounting« hatten wir andere Länder, aber doch nicht Deutschland im Verdacht! Und jetzt diese Initiative, die sich bald als real erweisen sollte. Ich setzte mich sofort hin und schrieb eine Stellungnahme an das Direktorium, in dem ich die Argumente darlegte, warum ein solches Unterfangen nicht nur die Glaubwürdigkeit von Bundesbank und Bundesregierung, sondern insbesondere auch der künftigen Währungsunion untergraben müsste. Erst viele Jahre später habe ich erfahren, dass es aus der Spitze der Bundesbank Signale nach Bonn gegeben hatte, die eine »wohlwollende Prüfung« des Vorhabens in Aussicht stellten. Meine Stellungnahme bereitete diesem Ansinnen ein frühes Ende. Als dann am 28. Mai 1997 Bundesfinanzminister Waigel begleitet von Staatssekretär Stark mit dem Hubschrauber einflog, stieß sein Vorhaben im Zentralbankrat auf einstimmige Ablehnung. Ich habe nie vorher oder nachher in einer Sitzung eine derart eisige Stimmung erlebt.

In der Folgezeit bestimmte die Vorbereitung auf die Europäische Währungsunion mehr und mehr die Arbeit in der Bundesbank. So waren wir unter anderem eingebunden in die Diskussionen im Rahmen des Europäischen Währungsinstituts (EWI) zu Fragen der Geldpolitik der künftigen europäischen Notenbank. Der Bundeskanzler richtete Anfang 1998 an die Bundesbank die Bitte um eine schriftliche Stellungnahme zur »Konvergenzlage in der EU mit Blick auf den Beginn der Europäischen Wirtschafts- und Währungsunion«. Die Arbeit an einer entsprechenden Vorlage für das Direktorium und den Zentralbankrat unter extremem Zeitdruck bedeutete eine immense Herausforderung für mich und meine Mitarbeiter. Bei der Beurteilung der Frage, inwieweit die einzelnen Länder die vertraglich festgeschriebenen Konvergenzkriterien erfüllen, bereitete vor allem die Situation der öffentlichen Haushalte und des Standes der öffentlichen Schulden in einer ganzen Reihe von Ländern große Schwierigkeiten. Schließlich kam es zu einer Sondersitzung des Zentralbankrats am 26. März 1998, die – mit kurzen Pausen – von 9 Uhr morgens bis 1 Uhr am nächsten Tag dauerte. Um Mitternacht unterbrach Tietmeyer die Sitzung für ein Glas Sekt auf mein Wohl, denn der 27. März war mein 62. Geburtstag. Nicht wenigen Mitgliedern des Rats war meine Vorlage »zu streng« und ich hatte alle Mühe, den Text vor allzu starken Verwässerungen zu bewahren. Da wir unter allen Umständen Einstimmigkeit erzielen wollten, waren gewisse Kompromisse in den Formulierungen unvermeidlich. Das größte Kopfzerbrechen bereitete die hohe Staatsverschuldung in Belgien und Italien, die mit über 120 Prozent weit über dem Kriterium von 60 Prozent lag. In unserem Bericht äußerten wir »ernsthafte Bedenken«, die sich nur durch zusätzliche substanzielle Verpflichtungen ausräumen ließen. Unter dem Druck des Einstimmigkeitsprinzips nicht verhindern konnte ich die Aufnahme der Aussage, dass der Beginn der Währungsunion 1999 trotz der bestehenden Probleme und Risiken »stabilitätspolitisch vertretbar« erscheint. Dieser Satz hat dem Ansehen der Bundesbank in der deutschen Öffentlichkeit damals sehr geschadet.

Abschied von der Universität – nicht von der Wissenschaft

Nachdem ich so abrupt Abschied von meiner Alma Julia genommen hatte, wollte ich den Kontakt zunächst nicht ganz abreißen lassen. So habe ich selbstverständlich noch die anstehenden Dissertationsvorhaben bis zum Schluss betreut. Für die ersten beiden Semester nach meinem Ausscheiden habe ich noch **ein Seminar angekündigt**, um meine Erkenntnisse jetzt als Notenbanker an die Studierenden weiterzugeben. Den eindrücklichsten Beweis, wie sehr meine Studenten mein Engagement in der akademischen Lehre schätzten, durfte ich im Sommersemester 1991 erleben. Das Seminar zur Geldpolitik war auf Mittwoch 16 Uhr festgelegt. Die erste Sitzung fiel auf den Tag vor dem Feiertag Christi Himmelfahrt. Mein Fahrer hatte mich vor starkem Verkehr gewarnt. So nahm ich nach der Direktoriumssitzung die eingegangenen Unterlagen wie Post, Ausarbeitungen der Mitarbeiter etc. für die Arbeit unterwegs mit und wir starteten sofort die Fahrt nach Würzburg. Um 16 Uhr, dem geplanten Beginn des Seminars, hatten wir noch nicht einmal Aschaffenburg erreicht. Ich rief aus dem Auto meinen ehemaligen Assistenten an und bat ihn, den Studenten mitzuteilen, dass ich den Termin natürlich nicht vergessen hatte und auf dem Weg nach Würzburg sei. Nach immer neuen Staus und Zwischenberichten bat ich den Assistenten um 17 Uhr folgende Botschaft zu überbringen: Ich habe keine Ahnung, wann ich tatsächlich ankommen werde. Sollten bei meiner Ankunft – wann auch immer – noch Studenten anwesend sein, werde ich das Seminar halten. Als ich schließlich um 18:45 Uhr ankam, waren von den mir angegebenen 35 Teilnehmern noch 33 anwesend. Nachdem ich längst keine Prüfungen mehr abnahm, musste allein das Interesse den Ausschlag gegeben haben. Mit mehr als einem Anflug von Wehmut habe ich bei dieser Gelegenheit noch einmal wahrgenommen, welche Freude es bereiten kann, jungen Menschen wissenschaftliche Erkenntnis zu vermitteln. Im Übrigen musste ich meine Mutter während der Fahrt beruhigen, sie und meine Brüder sollten mit dem Essen und der versprochenen Schafkopf-Runde beginnen, ich würde nach der Uni dazustoßen.

Es stellte sich bald heraus, dass es meine Beanspruchung nicht zulassen würde, meine Seminartätigkeit fortzusetzen. Meine Herausgebertätigkeit für die Zeitschrift WiSt hatte ich bei meinem Ausscheiden in die Hände meines Kollegen Norbert Berthold übergeben, der diese Aufgabe bis heute hervorragend erfüllt. Dieser Schritt fiel mir sehr schwer, hatte ich doch die Zeitschrift gegründet und mit den Kontakten zu zahlreichen Kollegen und Themen einen beachtlichen Überblick über die Breite des Fachs gewonnen. Ich musste mich jedoch rasch entscheiden, denn jede Verzögerung hätte Lücken geschaffen und die Übernahme durch meinen Nachfolger erschwert. Die Arbeit an meinen beiden erfolgreichen Lehrbüchern habe ich jedoch fortgesetzt. Die »Einführung in die Geldtheorie« erschien 2011 in 15. Auflage. Das dafür notwendige Studium neuer Literatur und die Diskussion mit Kollegen aus dem In- und Ausland, aber auch meinen Mitarbeitern, kam auch meiner geldpolitischen Aufgabe zugute. Zwar konnte ich technische Hilfe insbesondere bei Grafiken und Statistiken in Anspruch nehmen, doch fielen der Arbeit viele Wochenenden und Urlaubszeiten zum Opfer.

Über viele Vorträge, Beiträge zu Konferenzen etc. habe ich engen Kontakt zur akademischen Welt gehalten. Freuen konnte ich mich über die Verleihung der **Ehrendoktorwürde durch die Universitäten Bayreuth, Frankfurt und Konstanz**. Diese letztere Wertschätzung kam für mich umso überraschender, als ich rund zehn Jahre vorher einen Ruf an den Bodensee abgelehnt hatte. Als Schatzmeister und Mitglied des engeren Vorstands setzte ich mich in unserer wissenschaftlichen Gesellschaft, dem »Verein für Socialpolitik«, vor allem für die Förderung des Nachwuchses ein. Als unter dem Vorsitz von Hans-Werner Sinn eine fundamentale Reform nicht zuletzt dazu führte, dass die wissenschaftliche Vereinszeitschrift unter neuem Namen und auf Englisch erschien, habe ich auf einer deutschsprachigen und an den Interessen der breiten Mitgliedschaft ausgerichteten zusätzlichen Veröffentlichung bestanden. Die »Perspektiven der Wirtschaftspolitik« haben sich längst einen wichtigen Platz in der Diskussion einschlägiger Themen gesichert.

Von den vielen Verbindungen zu Universitäten und Institutionen in Deutschland sei nur die langjährige Beratertätigkeit am Kieler Institut für Weltwirtschaft erwähnt.

Als der damalige **Bundesarbeitsminister Blüm eine Kommission zur Rentenreform** einrichtete, wünschte er die Teilnahme eines Vertreters der Bundesbank. Als auf mein Drängen – ich ahnte, was kommen würde – Präsident Tietmeyer antwortete, die Bundesbank solle sich aus solchen Diskussionen heraushalten, konterte Blüm trocken: Diese Scheu habe die Bundesbank bisher nicht davon abgehalten, vor allem in ihrem Monatsbericht zu solchen Themen pointiert Stellung zu nehmen. Dem konnten wir schwerlich etwas entgegensetzen. So wurde ich Mitglied der Kommission. In offenen und fruchtbaren Beiträgen im Kreis von hervorragenden Kollegen aus dem Rentensystem und der Wissenschaft entwickelten wir den Vorschlag, einen Demographiefaktor in das System einzuführen. Die Regierung Kohl nahm diesen Vorschlag auf und verabschiedete ein entsprechendes Gesetz. Entsprechend einer Ankündigung im Wahlprogramm hob die neue Regierung Schröder dieses Gesetz auf. Erwartungsgemäß erwies sich diese Entscheidung als großer Fehler, drängte doch das für die Alterssicherung gravierende Problem einer alternden und schrumpfenden Gesellschaft auf eine dauerhafte Lösung. In einem Kommentar schrieb das Wall Street Journal dazu sarkastisch: Das Schlimmste, was man von dieser Regierung sagen kann ist, dass sie dieses (und andere) Wahlversprechen tatsächlich umsetzen will.

Aus der Bundesbank in die Welt

Von mir nicht wirklich erwartet, aber mit meiner Position zwangsläufig verbunden, stürzten bald internationale Verpflichtungen auf mich ein. Dazu zählen die Vertretung der Bank in verschiedenen Gremien wie der Bank für Internationalen Zahlungsausgleich (BIZ) oder der Organisation für Internationale Zusammenarbeit und Entwicklung (OECD). Schon bald flog ich nach Tokio, um Präsident Pöhl bei einer Konferenz der japanischen Notenbank zu vertreten. Bei dieser Gelegenheit machte ich eine für einen Ökonomen ebenso überraschende wie verstörende Erfahrung. Zu diesem Zeitpunkt hatte das Gelände des kaiserlichen Palastes, das man in angemessener Zeit zu Fuß umkreisen konnte, zu Marktpreisen bewertet **denselben Wert wie ganz Kalifornien.** Diese Zahlen waren mir schon vorher bekannt. Was mich aber mehr als erstaunt hat, war die Tatsache, dass sich anscheinend deswegen kaum jemand große Sorgen machte. Die weitere Entwicklung ist hinreichend bekannt – ein Zusammenbruch der Immobilienpreise etc. und ein Wendepunkt in der wirtschaftlichen Entwicklung Japans. Diese Beobachtung war für mich eine Warnung, die in beeindruckenden Modellen theoretisch begründete These von der Unfehlbarkeit von Marktbewertungen nicht unkritisch zu übernehmen.

Als die **europäische Währungskrise im Sommer 1992 ihren Höhepunkt** erreichte, erhielt ich in der Bundesbank am Montag, dem 14. September, den Besuch einer Delegation aus Großbritannien. Alan Budd und Mervyn King, die jeweiligen Chefökonomen der Treasury und der Notenbank, hatten den offiziellen Auftrag, die Bundesbank davon zu überzeugen, dass das Pfund Sterling am Markt richtig bewertet und keinesfalls überbewertet sei. Der Austausch von Argumenten und Statistiken verlief höflich, doch die Meinungen gingen weit auseinander. Nach unserer Einschätzung war das Pfund deutlich überbewertet. Der anschließende Besuch dieser Delegation beim Finanzministerium in Bonn endete im gleichen Dissens. Am darauf folgenden Mittwoch brachte George Soros mit seiner Spekulation das englische Pfund zu Fall – und verdiente dabei in kürzester Zeit eine Milliarde US-Dollar. Dazu bedurfte es keiner magischen Künste. Der fixierte Wechselkurs hatte zu der einseitigen Spekulation gegen das Pfund geradezu eingeladen. So wie die Dinge lagen, war eine Aufwertung der englischen Währung ausgeschlossen. Soros' einziges Risiko bestand also darin, dass es nicht zur – allgemein erwarteten – Abwertung des Pfunds kommen würde. In diesem Fall hätte er mit seiner vergeblichen Spekulation einen verschmerzbaren Zinsverlust erlitten, »peanuts« im Vergleich zum potenziellen Gewinn. Für mich hatte sich ganz nebenbei bestätigt, was ich entsprechend der bekannten Wechselkurstheorie schon lange in meinen Vorlesungen erläutert hatte: Ohne Gleichklang der Wirtschafts- und Währungspolitik ist ein Regime fester Wechselkurse instabil und muss zwangsläufig immer wieder zu Wellen einseitiger Spekulation gegen schwache Währungen führen. Diese fundamentale Erkenntnis spielte dann übrigens eine entscheidende Rolle bei dem Vorhaben Europäische Währungsunion.

Eine andere europäische Dimension hatte sich mit dem **Fall des Eisernen Vorhangs entwickelt**. Mit dem Übergang von der staatlichen Planung zur Marktwirtschaft hatten sich auch der Status der Notenbanken und deren Aufgaben von Grund auf verändert. Waren die Notenbanken vorher in den zentralen Planungsprozess eingebunden, waren sie jetzt verantwortlich für die Stabilität der nationalen Währung. Den Notenbankern fehlte es dazu völlig an Erfahrung. Nachdem die Bundesbank auch im östlichen Teil Europas hohes Ansehen genoss, lag es nahe, bei ihr um Rat zu suchen. Für eine ganze Reihe von neu ernannten Notenbankleitern war ich sozusagen die Anlaufstelle. Diese Treffen erhielten rasch den Charakter eines Notenbankseminars. Besonders beeindruckt hat mich der kurz vorher bestellte Präsident der Notenbank eines baltischen Landes. Von Hause aus Physiker (!), hochintelligent, kam er mit einem umfangreichen Fragenkatalog an. Beim bald nachfolgenden zweiten Besuch musste ich feststellen, dass er meine Ausführungen praktisch wortwörtlich gespeichert hatte. Das hat mich veranlasst, meine Argumente auch im Detail besonders klar darzulegen. Ein besonderes Vertrauensverhältnis entwickelte sich mit dem Präsidenten der tschechoslowakischen Notenbank. Ein späteres Treffen eröffnete er mit der Bitte um strengste Vertraulichkeit. Diese verstand sich ohnehin von selbst. Der besondere Anlass erklärte sich sehr schnell. An Spannungen zwischen Prag und Bratislava hatte es nie gefehlt. Und so beschloss man, sich friedlich und einvernehmlich zu trennen.

Damit verbunden war zwangsläufig auch die Absicht, zwei getrennte Währungen zu schaffen. Die Bitte um Rat versetzte mich in eine schwierige Lage. In Vorbereitung der künftigen Europäischen Währungsunion war ich intensiv mit dem mir vertrauten Problem der Währungsintegration befasst. Das gewissermaßen entgegengesetzte Phänomen der Separation von Währungen war Neuland für mich und zudem in der wissenschaftlichen Diskussion kaum behandelt. Unser fortgesetzter Meinungsaustausch, der selbstverständlich völlig unter uns blieb, erhielt daher mehr und mehr die Züge eines Forschungsseminars und hat sicher zur am Ende gelungenen Lösung der Trennung der Währungen beigetragen.

In der Folge haben sich die meisten Länder des ehemaligen Ostblocks für eine Notenbankverfassung entschieden, die deutlich am Vorbild der Bundesbank ausgerichtet war.

Engen Kontakt zur Bundesbank und speziell zu mir suchten auch die Spitzen der **türkischen Notenbank.** Der Höhepunkt war ein Besuch in Ankara, wo ich einen ganzen Tag mit der Notenbankleitung und einer Reihe von Experten das ganze Spektrum der Notenbankpolitik diskutierte. Das Interesse der türkischen Kollegen, die fachlich exzellent ausgebildet waren, galt naturgemäß den Erfahrungen der Bundesbank. Bei dieser Gelegenheit und dem anschließenden Besuch in Istanbul war ich beeindruckt von der jedenfalls damals einhelligen Ausrichtung auf den »Westen« und hier vor allem auf Europa.

Nach langem Drängen folgte ich einer **Einladung nach Lateinamerika**. Heute schwer vorstellbar, diskutierte man vor allem in Argentinien, die wirtschaftliche Zusammenarbeit im Abkommen über einen Gemeinsamen Markt (Mercosur) mit einer gemeinsamen Währung zu krönen. Dort und anschließend in Brasilien traf ich die Spitzen der Politik, der Notenbanken und der Geschäftswelt. In meinen Gesprächen und Vorträgen erläuterte ich die Fortschritte, aber auch Schwierigkeiten auf dem Weg zur Europäischen Währungsunion als einem Projekt, das nach Jahrzehnten der Vorbereitung jetzt vor der Vollendung steht. Bei dieser Gelegenheit erlebte ich ein bezeichnendes Machogehabe. Der Termin beim weltweit bekannten Finanzminister Cavallo wurde mehrfach ab- und dann wieder zugesagt, bis es schließlich zu einem langen Gespräch kam. Cavallo, den ich schon vorher aus Fachkreisen kannte, berichtete mir: Geplant war ein wichtiger Auftritt in New York, um bei der Finanzwelt für Vertrauen in die argentinische Währung zu werben. Der Finanzminister als wichtigstes Mitglied der Delegation sollte selbstverständlich in der Regierungsmaschine von Staatspräsident Menem mitfliegen. Nach einigem Hin und Her entschied Menem, seinen Friseur mitzunehmen, der Finanzminister solle einen Linienflug buchen. Das kam für diesen nicht in Frage, er blieb in Buenos Aires und traf sich mit mir zu einem intensiven Gedankenaustausch über Währungsfragen. Für die argentinische Situation erwies sich der Auftritt Menems in New York als verheerend – eine Währungskrise war die Folge.

Meine Position als Chefökonom der Bundesbank erleichterte den Kontakt zu **führenden Wissenschaftlern aus aller Welt.** Der intensive Gedankenaustausch mit vielen Besuchern brachte neue Erkenntnisse und gab mir zudem Gelegenheit, die Politik der Bundesbank intensiv zu erklären. Die meisten Geldtheoretiker, Allan Meltzer war die große Ausnahme und wurde zu einem engen Freund – vertraten eine skeptische bis sehr negative Einstellung zu unserer Geldmengenpolitik. Im März 1995 war ich zu einer Konferenz in Bologna eingeladen. Dort stand ich auf einem Panel einer Phalanx von nicht weniger als fünf Nobelpreisträgern gegenüber (Modigliani, Mundell, Samuelson, Solow, Tobin), allesamt mit kritischer Einstellung zur Geldpolitik der Bundesbank. Meine Strategie war es, die herausragenden Theoretiker auf die Ebene praktischer Probleme der Geldpolitik sozusagen »herabzuziehen«. Nicht zuletzt die anhaltend schwierigen Herausforderungen, die mit der Wiedervereinigung und der Vorbereitung auf die Europäische Währungsunion verbunden waren, stellten einige kritische Positionen in Frage. Das Panel endete mit einem respektvollen Kommentar Samuelsons. Mit Tobin hatte ich schon vorher einen intensiven Gedankenaustausch in der Bundesbank. Dabei lernte ich ihn als einen tief von moralischen Prinzipien geprägten Mann kennen, der geradezu entsetzt darüber war, dass seine besten Studenten getrieben von der Aussicht auf das große Geld in die Finanzindustrie strebten. Bei einem kleinen Spaziergang am Ende unseres Gesprächs, in dem er beharrlich darauf bestand, die Geldpolitik der Bundesbank sei durchweg zu restriktiv, erlaubte ich mir die provokante Frage, ob er denn jemals für eine Zinserhöhung der Fed plädiert habe. Nach längerem Nachdenken gestand er: Wahrscheinlich nicht. Ein Interview mit der *Financial Times*, in dem ich die Berichte über die von ihm geforderte Steuer auf kurzfristige Finanztransaktionen – »Tobin Tax« – mit den alljährlichen Meldungen über das Monster von Loch Ness verglichen hatte, nahm er mit etwas gequältem Schmunzeln zur Kenntnis.

Franco Modigliani kritisierte die Geldpolitik der Bundesbank in einem Vortrag in Frankfurt aufs Heftigste. In einem langen Gespräch am Abend musste ich ihm erst einmal klarmachen, dass seine Kritik die Realität in Deutschland nach der Wiedervereinigung völlig ausblende. In seinem Modelldenken war der Fall nicht vorgesehen, dass in einer Wirtschaft (Ostdeutschland) bei hoher und steigender Arbeitslosigkeit die Löhne aktuell mit Raten von 20 Prozent stiegen. Es war im Übrigen fast an der Tagesordnung, dass führende Ökonomen aus den USA mit Beratungsaufträgen auf dem Weg nach Osteuropa in Deutschland und nicht selten bei mir Zwischenstation machten. Ohne wirkliche Kenntnis der besonderen wirtschaftlichen Probleme nach der Wiedervereinigung und dem Fall des Eisernen Vorhangs zeigten sie keine Scheu vor tiefgreifenden wirtschaftspolitischen Ratschlägen.

Ein jährlicher Höhepunkt meiner internationalen Kontakte war die Teilnahme an den Jahrestagungen des **Internationalen Währungsfonds (IWF)**. Der IWF und die Schwesterorganisation Weltbank haben ihren Sitz in Washington. Dort finden in zwei aufeinanderfolgenden Jahren die Treffen statt, während danach jeweils ein Mitgliedsland Austragungsort ist. Interessant sind dabei weniger die großen offiziellen Veranstaltungen als die zahlreichen Meetings am Rande. Die Anwesenheit von Tausenden Vertretern der wichtigsten Finanzinstitute auf dem Globus eröffnet die Möglichkeit für interessante Begegnungen. Teilnehmer wie ich erhalten im Vorfeld eine Vielzahl von Einladungen zu persönlichen Treffen, zu offiziellen wie privaten Veranstaltungen.

In einem von früh bis spät gefüllten Kalender galt es Prioritäten zu setzen. Auf der Tagung in Madrid im Jahre 1994 erwartete mich völlig überraschend eine besondere Begegnung. Ich hatte die Einladung der US-Großbank Lehman Brothers – die in der Finanzkrise 2007/08 ein schmähliches Ende nehmen sollte – zu einem gesetzten Dinner angenommen, da **Margret Thatcher als Sprecherin** angekündigt war. Aus mir bis heute unerklärlichen Gründen – es wimmelte nur so von Notenbankpräsidenten, Finanzministern etc. – war ich als ihr direkter Tischnachbar rechts neben ihr platziert. So gut wie jeder von den zehn Personen an diesem runden Tisch versuchte anfangs, mit ihr ins Gespräch zu kommen. Sie ließ jedoch ziemlich schroff erkennen, dass sie an einem Meinungsaustausch in großer Runde nicht interessiert war. So entwickelte sich zwischen uns ein bilaterales Gespräch über den ganzen Abend, unterbrochen nur durch ihre Dinner Speech. Der Gastgeber hatte mich als führenden Vertreter der Bundesbank vorgestellt, was sie mit der Bemerkung kommentierte: This is the best central bank in the world. Später, als es die aufgelockerte Atmosphäre erlaubte und sie Interesse an diesem Thema gezeigt hatte, und ich versuchte zu erklären, dass das Renommee der Bundesbank wesentlich mit ihrer Unabhängigkeit von der Politik zu tun habe, bemerkte sie zu meiner Frage, warum sie die Bank of England nicht unabhängig machte, lapidar: Oh, this is a different matter! Wie nicht ungewöhnlich bei ehemals großen Politikern erzählte sie von internationalen Begegnungen und charakterisierte andere Staatsmänner mit teils deftigen Ausdrücken. Ihre besondere Abneigung galt Kanzler Kohl, bei dem sie zum Mittagessen »pork stomach« und »liver dumplings« vorgesetzt bekam. »He is such a bulldozer« war das abschließende Fazit und ich konnte gut verstehen, dass die beiden in mancher Hinsicht so ähnlichen Persönlichkeiten nicht gut miteinander auskommen konnten. Von der Bundesbank und insbesondere von Präsident Pöhl, den sie ansonsten sehr schätzte, war sie tief enttäuscht, hatte sie doch gehofft, dass er das in ihren Augen verfehlte und politisch gefährliche Projekt der Europäischen Währungsunion verhindern würde. Ihr wörtlicher Kommentar: Karl Otto, always charming, but no fighter. Heikel wurde das Gespräch, als es um die deutsche Wiedervereinigung ging. In ihren Memoiren hatte sie ihren Widerstand bis zuletzt beschrieben und den französischen Präsident Mitterand als Feigling charakterisiert, weil er unter dem Druck des amerikanischen Präsidenten Bush eingeknickt war. Nach einem längeren »Anlauf«, in dem ich pries, wie sie und Reagan das Sowjetimperium zu Fall gebracht hatten, endete ich mit der Frage: Sie mussten doch wissen, dass diese Revolution der politischen Landschaft kaum ohne die deutsche Wiedervereinigung ablaufen würde? Sie ging darauf nicht ein und unser so anregendes Gespräch fand ein ziemlich jähes Ende. Ich konnte mir damals nicht vorstellen, welches Schicksal dieser Frau mit klarem und scharfem Verstand später bevorstand.

Zu den Höhepunkten internationaler Kontakte zählt auch die Teilnahme an einer ganzen Reihe der Bilderberg-Konferenzen. In diesem Gremium sind ehemals führende Politiker und Wirtschaftsführer aus den USA und Europa versammelt. Das niederländische Königshaus spielte eine entscheidende Rolle bei der Gründung nach dem Ende des Zweiten Weltkriegs. Beindruckend in allen Meetings die Beiträge von Henry Kissinger, mit dem ich verschiedentlich längere Gespräch führen konnte. Dabei stellte sich heraus, dass er vor der späteren Auswanderung 1938 eine kurze Zeit in meiner Heimatstadt Würzburg verbracht hatte. Wir hätten zusammen zur Schule gehen können, war seine wegen des Altersunterschieds nicht ernstgemeinte Bemerkung. Ein winziges Detail, aber doch Anlass, an den schrecklichen Weg zu erinnern, den Deutschland damals nahm. Auf der Konferenz 1997 war ich eingeladen, über die künftige Europäische Währungsunion zu sprechen. In der Diskussion griff mich der ehemalige Regierungschef eines europäischen Nachbarlandes wegen der drohenden »Centralbankisation«, also der Dominanz der Notenbank an. Es fiel mir leicht, diese Attacke zu parieren, schließlich ging das Statut der Europäischen Zentralbank auf Beschlüsse der Staats- und Regierungschefs zurück. Meine Ausführungen stießen auf eine sehr positive Resonanz und brachten mir eine Einladung zum Abendessen an der Seite der Königin der Niederlande ein. Bei dieser und einer weiteren Gelegenheit habe ich Königin Beatrix als eine beeindruckende Persönlichkeit kennengelernt, die im Übrigen mit größter Disziplin an allen Sitzungen von der ersten Minute bis zum Ende teilnahm.

Wie es der Zufall wollte, erreichte die am 20. Juni 1948 geschaffene **D-Mark mit ihrem 50. Geburtstag auch ihr Ende**. Während der Diskussion im Direktorium, wie wir dieses Ereignis gestalten sollten, schlug ich scherzhaft den Friedhof als Veranstaltungsort vor. Nun, dazu kam es natürlich nicht.

Der Festakt fand genau am 20. Juni 1998 in der Paulskirche statt mit einer Rede des Bundeskanzlers. Als sozusagen letzten Dienst an der D-Mark habe ich den Band »*Fünfzig Jahre Deutsche Mark*« inhaltlich konzipiert, hervorragende Kollegen aus der Wissenschaft als Autoren gewonnen und nach einigen fast erwartbaren Schwierigkeiten mit dem einen oder anderen Professor abgeschlossen, sodass das umfangreiche Werk pünktlich zum Jubiläum erscheinen konnte. Es folgten Übersetzungen ins Englische und Russische.

12.

DIE EZB – HÖHEPUNKT MEINER BERUFLICHEN LAUFBAHN

Auf dem Weg nach Europa

Mein Dienstvertrag mit der Bundesbank belief sich auf die maximale Länge von acht Jahren, würde also im Oktober 1998 auslaufen. So wie die Dinge lagen, konnte ich mit einem neuen Vertrag bis zur Altersgrenze von 68 Jahren rechnen. Mit dem absehbaren Ende der D-Mark war ein **gewaltiger Bedeutungsverlust der Bundesbank** verbunden. Das musste vor allem meinen Bereich betreffen. Unsere wichtigste Aufgabe, das jährliche Geldmengenziel zu begründen, die geldpolitische Strategie zu überprüfen und gegebenenfalls weiterzuentwickeln, die geldpolitischen Entscheidungen vorzubereiten, der Kern unserer bisherigen Arbeit würde der Vergangenheit angehören.

Ich hatte bereits vorsichtig begonnen, meine Mitarbeiterinnen und Mitarbeiter auf diesen Schock vorzubereiten. Mein Plan war es, vor allem die Forschungsaktivitäten zu verstärken. Das korrespondierte auch mit meiner Absicht, selbst wieder stärker in die Forschung einzusteigen. Darüber hinaus freute ich mich auf die Aussicht, an all den wissenschaftlichen Konferenzen auf der ganzen Welt teilzunehmen, die ich bisher aus Zeitgründen oft nicht besuchen konnte. Alles in allem für einen der Wissenschaft verbundenen Notenbanker eine verlockende Aussicht.

Diese Gedankenspiele wurden jäh durch einen **Besuch Tietmeyers** in meinem Büro gestört. Tietmeyer war einer der wenigen in Deutschland, die das mitunter auch ränkevolle Personalspiel auf der internationalen Bühne beherrschten. Wie oft habe ich erlebt, wie Personalvorschläge aus Deutschland für wichtige Positionen in internationalen Institutionen an Vorschlägen scheiterten, die Länder mit geschickter Diplomatie längs verabredet hatten. Auf den größten Erfolg Tietmeyers in dieser Rolle wird noch einzugehen sein. Für meine Person erklärte mir Tietmeyer in einem langen Gespräch Folgendes: Es galt als unbestritten, dass sich unter den sechs Mitgliedern des Direktoriums der EZB ein Deutscher befinden würde. Unter der realistischen Annahme, dass das Direktorium der EZB nach dem Muster der Bundesbank in Portfolios für die Mitglieder organisiert würde, kam es darauf an, wer für welche Bereiche zuständig sein würde. Nach der Entscheidung für Frankfurt als Sitz der EZB war klar: Als Präsident kam niemand aus Deutschland in Frage. Sollte der künftige Präsident – wovon Tietmeyer aus guten Gründen überzeugt war – kein Franzose sein, galt auch die Position des Vizepräsidenten als reserviert. Es kam nun entscheidend darauf an, welches Ressort der Deutsche übernehmen würde. Die lange Vorrede beendete Tietmeyer mit dem Schluss: Ich bin überzeugt, Sie sind der einzige Vertreter aus Deutschland, an dem man bei der Besetzung des Postens des Chefökonomen nicht vorbeikommen kann. Sie müssen zur EZB.

Dieses Ansinnen kam für mich völlig überraschend und widersprach auch meinen Vorstellungen für die Zukunft. Vor allem wies ich Tietmeyer auf meine **kritische Einstellung zum Projekt Europäische Währungsunion** hin. Ich war alles andere als ein grundsätzlicher Gegner einer gemeinsamen Währung. Ganz im Gegenteil. Ich rechnete damit, am Ende eines längeren und belastbaren Prozesses des immer stärkeren Zusammenwachsens der europäischen Länder werde am Ende, quasi als Krönung, die gemeinsame Währung stehen. Meine Befürchtung war: Die Währungsunion würde mit zu vielen Ländern und vor allem auch mit solchen beginnen, die für diesen Schritt nicht hinreichend vorbereitet sind. Das historische Projekt einer gemeinsamen Währung würde damit von Anfang an unter großen Schwierigkeiten stehen, mit der Gefahr des Scheiterns. Meine Sorge war auch darin begründet, dass anders als es Bundeskanzler Kohl gefordert hatte, Fortschritte auf dem Weg zur Politischen Union nicht einmal im Ansatz zu verzeichnen waren. Vor allem Frankreich hatte alle dahingehenden Initiativen geradezu brutal blockiert.

Dieses Gespräch haben wir in der Folge des Öfteren wiederholt. Tietmeyer hat nicht lockergelassen. Meine Frau hat ihm später einmal vorgehalten: Sie haben meinen Mann moralisch erpresst. Das ist zwar übertrieben, hat aber einen wahren Kern. Die Kalkulation Tietmeyers ist ja schließlich aufgegangen, es ist bei der Verteilung der Aufgaben im Direktorium genau so gekommen, wie er es beabsichtigt hatte. Die Gründung der EZB war für den 1. Juni 1998 festgelegt. Die Zeit drängte. Im Februar 1998 suchte mich Tietmeyer wieder einmal in meinem Büro auf und berichtete mir von einem Gespräch mit Kanzler und Finanzminister. Kohl habe ihn schließlich auf seinen Vorschlag angesprochen und ihn gefragt: Wie können wir denn diesen Professor für das Direktorium der EZB vorschlagen, hat der jemals etwas Positives über den Euro gesagt? Auf meine Frage hin, was er geantwortet habe: Wahrscheinlich nicht. Er versuchte aber mit dem Hinweis zu überzeugen: Es ist viel eindrucksvoller, einen Kritiker zu benennen, als einen der bekannten »Europhoriker«. Wenn der Herr Issing bereitsteht, wovon ich noch nicht völlig sicher bin, wird das in der deutschen Öffentlichkeit als Signal für einen stabilen Euro verstanden werden. Ich erhielt übrigens nicht viel später die »Anregung«, ich solle mich doch bei passender Gelegenheit einmal positiv zum Euro äußern. Das habe ich selbstverständlich nicht getan.

Die Personalie wurde mittlerweile in der Öffentlichkeit heftig diskutiert. Staatssekretär Jürgen Stark aus dem Bundesfinanzministerium galt allgemein als Favorit. Die FAZ sprach sich in einem Leitartikel für mich aus. Auf viele Anfragen habe ich natürlich nicht reagiert. Schließlich drängte die Zeit, denn schon für den 2. Mai war ein Treffen der für die Entscheidung zuständigen Staats- und Regierungschefs angesetzt. Am Freitag, den 24. April, fragte das Büro des Finanzministers an, wie ich denn am Wochenende telefonisch zu erreichen sei. Nach einer sehr anstrengenden Woche rief ich aus dem Auto auf der Fahrt nach Würzburg meine Frau an und bat sie, unsere Sauna anzuheizen. Gegen halb zehn klopfte sie an die Tür der Sauna und übergab mir das Telefon mit den Worten: **Herr Waigel möchte Dich sprechen**. Dieser entschuldigte sich für den ungewöhnlichen Ort des Gesprächs – meine Frau hatte sich nicht davon abbringen lassen, das Gespräch jetzt und nicht etwa viel später anzunehmen – und kam gleich zur Sache: Die Bundesregierung hat beschlossen, mich für das Direktorium der EZB vorzuschlagen, und fragte mich, ob ich zur Verfügung stünde. Nachdem ich inzwischen lange genug Zeit hatte, darüber nachzudenken und nichts davon hielt, mir im Grunde unnütze Bedenkzeit zu erbeten, sagte ich zu. Herr Waigel bedankte sich und so endete ein sehr kurzes Gespräch an einem ungewöhnlichen Ort, das mein weiteres Leben entscheidend verändern sollte.

Es kam dann der **2. Mai mit dem unwürdigen Schauspiel in**

Brüssel. Baron Alexandre Lamfalussy hatte das EWI glänzend geleitet und wäre prädestiniert gewesen für die Position des ersten Präsidenten der EZB. Er gab jedoch sehr bald zu verstehen, dass er dafür nicht zur Verfügung stehe. Es war zu befürchten, dass es um diese Position heftige Auseinandersetzungen geben würde. Um dem vorzubeugen, übernahm Hans Tietmeyer ganz im Geheimen die Führung. Er bat alle Amtskollegen, also die Präsidenten der nationalen Notenbanken, bei der politischen Spitze des Landes für Wim Duisenberg, den Präsidenten der Niederländischen Notenbank zu werben, auf den man sich untereinander als den besten Kandidaten geeinigt hatte. Diese Initiative war insoweit erfolgreich, als alle in Brüssel versammelten Staats- und Regierungschefs sich für diese Lösung aussprachen. Alle – bis auf einen. Der französische Staatspräsident Jaques Chirac verweigerte seine Zustimmung und bestand darauf, den Gouverneur der Banque de France, Jean-Claude Trichet, zu ernennen. Neben dem grundsätzlichen Anspruch Frankreichs auf die Präsidentschaft – ein deutscher Kandidat kam wie schon erwähnt wegen des Sitzes der EZB in Frankfurt damals nicht in Frage – war Chirac darüber erbost, dass sich die Notenbankpräsidenten aus seiner Sicht erdreistet hatten, durch ihr Vorgehen die Entscheidung zu präjudizieren. Es kam zu endlosen Gesprächen und teilweise erbitterten Verhandlungen, ein alles andere als guter Start für die neue, gemeinsame Notenbank. Der Widerstand Chiracs konnte erst überwunden werden, als sich Duisenberg dem gewaltigen Druck beugte und einen Brief verfasste in dem er erklärte, er werde nicht die für den Präsidenten vorgesehene Amtszeit von acht Jahren erfüllen. Chiracs Absicht war, ihn auf die Hälfte, also vier Jahre festzulegen – mit dem offenkundigen Hintergedanken, dass dann Trichet nachfolgen könne. Dieser Zumutung, die im Übrigen der Idee der im Maastricht-Vertrag verankerten Unabhängigkeit der Notenbank widersprach, widersetzte sich Duisenberg und bestand auf der Formulierung, dass er und nur er über den Zeitpunkt seines Ausscheidens aus dem Amt entscheide. Damit war der Weg frei für die nach dem Vertrag damals notwendige einstimmige Entscheidung, Wim Duisenberg als ersten Präsidenten der Europäischen Zentralbank zu ernennen.

Obwohl Einstimmigkeit auch bei der Ernennung des Vizepräsidenten und der vier anderen Mitglieder des Direktoriums erforderlich war, verlief dieser Prozess schnell und reibungslos. Der Vertrag sieht vor, dass die Amtszeit aller Mitglieder des Direktoriums acht Jahre beträgt. Eine Wiederernennung ist ausgeschlossen. Um zu verhindern, dass nach den ersten acht Jahren alle Mitglieder gleichzeitig ausscheiden, eine ziemlich absurde Situation, war für die Ernennung der ersten Mitglieder – und nur für diese – eine gestufte Amtszeit vorgesehen: Für den Präsidenten 8 Jahre, den Vizepräsidenten 4 Jahre und für die vier übrigen Mitglieder 5, 6, 7 und 8 Jahre. Am Abend dieses 2. Mai waren wir, meine Frau und ich, mit meiner Mutter zum Abendessen in einem bekannten Würzburger Weinlokal. Die Kellner, die uns schon lange kannten, fragten, warum ich nicht in Brüssel sei. Nun, dafür gab es für mich keinen Grund, entweder würde ich, was nach allen Erwartungen sehr wahrscheinlich war, ernannt, oder nicht, Einfluss auf die Entscheidung hatte ich nicht. Die Kellner informierten mich im Stundentakt der Nachrichten über das Gezerre in Brüssel. Als wir dann spät nach Hause kamen, schaute ich noch etwas Sport und wollte schon zu Bett gehen, als die Sendung unterbrochen wurde. Zunächst gab Kanzler Kohl die Entscheidung für Wim Duisenberg als ersten Präsidenten der EZB bekannt. Wenn ich mich recht erinnere, las er auch den Brief vor, den man Duisenberg abgerungen hatte. Anschließend gab Bundesfinanzminister Waigel die Namen der übrigen Mitglieder und deren Amtszeit bekannt, mit dem Namen **Professor Issing für acht Jahre** an letzter Stelle. Die Ernennung hat mich nicht überrascht, wohl aber die Dauer meiner Amtszeit. Ich hatte mir zwar darüber nie Gedanken gemacht, war aber insgeheim verwundert, dass – vom wenige Jahre älteren Duisenberg abgesehen – der mit Abstand Älteste die längste Amtszeit bekommen sollte. Schließlich würde ich dann im Alter von 70 Jahren aus dem Dienst ausscheiden. Am nächsten Morgen machte mir meine Frau schnell klar, dass mir damit von Anfang an eine starke Rolle eingeräumt war.

Bei meinem ersten Treffen mit Duisenberg sagte er mir zu, ich würde die Zuständigkeit für **die Generaldirektionen Economics und Research erhalten**. Dies wurde dann auf der ersten Sitzung des Direktoriums auch so beschlossen. Es war für mich klar, dass ich ohne die Verantwortung für das Ressort Wirtschaft und damit den Posten des Chefvolkswirts nicht zur EZB gehen würde. Kaum zu hoffen hatte ich gewagt, dass ich auch noch die Zuständigkeit für Forschung erhalten würde, obwohl dies gerade in der Anfangsphase der EZB sicher die optimale Lösung war. Die besondere Ironie dieser Entscheidung erfuhr ich erst später. Im EWI hatte man offenbar zu einem Zeitpunkt, zu dem ich noch nicht einmal etwas von meiner Zukunft ahnte, bereits mit meiner Ernennung zum Chefvolkswirt gerechnet, von französischer Seite befürchtet. Um die »Machtfülle« dieses stabilitätsbesessenen Ökonomen zu begrenzen, spaltete man die bescheidene Abteilung im EWI in die Bereiche Ökonomie und Forschung auf. Nun erhielt ich also beide Bereiche als selbstständige Generaldirektionen, schlimmer hätte es für die Initiatoren dieses Ränkespiels nicht laufen können.

Anhörung im Europäischen Parlament

Vor der endgültigen Ernennung mussten sich die sechs Mitglieder des Direktoriums noch einer Anhörung vor dem zuständigen Ausschuss des Europäischen Parlaments stellen. Ein negatives Votum hätte den Prozess nicht aufgehalten, das Ansehen der betroffenen Person gleichwohl schwer beschädigt. Zunächst galt es, einen für alle sechs gleichen umfangreichen Fragenkatalog schriftlich zu beantworten. Kein schwieriges Problem. Bei der Anhörung selbst hatte der Kandidat bzw. die Kandidatin zunächst die Gelegenheit, in fünf Minuten ein persönliches Statement abzugeben.

Das offizielle Protokoll der für den 7. Mai 1998 angesetzten Anhörung in Brüssel enthält meine Erklärung.

Høring af Otmar Issing, kandidat til ECB's Styrelsesråd
Anhörung von Herrn Otmar Issing, Kandidat für das Direktorium der EZB
Hearing of Mr Otmar Issing, candidate for the Board of the ECB
Audiencia del Sr. Otmar Issing, candidato al Comité Ejecutivo del BCE
Audition de M. Otmar Issing, candidat au directoire de la BCE
Audizione del signor Otmar Issing, candidato al direttorio della BCE
Hoorzitting van de heer Otmar Issing, kandidaat voor directielid van de ECB
Audição de Otmar Issing, candidato ao directório do BCE
Otmar Issingin, EKP:n johtokunnan jäsenehdokkaan kuuleminen
Utfrågning av Otmar Issing, kandidat till ECB:s direktion

4-286

Issing. - Herr Vorsitzender, Frau Randzio-Plath, meine Damen und Herren Abgeordnete! Es ist mir nicht nur eine Pflicht, sondern eine große Ehre, hier vor den Vertretern des Europäischen Parlaments meine Ansichten über die Wirtschafts- und Währungsunion vortragen zu können. Sie haben in den schriftlichen Fragen wichtige Probleme angeschnitten. Ich habe versucht, in der gebotenen Kürze darauf zu antworten. Ich möchte daher diese Eingangsbemerkungen nutzen, um meine grundsätzliche Auffassung zur Bedeutung der Wirtschafts- und Währungsunion darzulegen. Vorausschicken möchte ich, dass die Wirtschafts- und Währungsunion für mich keineswegs nur ein technokratisches Vorhaben ist.

Mein erster Eindruck einer Währungsunion stammt aus einer Zeit, in der ich von Wirtschaft nichts verstanden und mich für Wirtschaft noch gar nicht interessiert habe. Es ist das Bild des Kaufmannes, der in Rom aufbrach, nach Colonia Claudia Agrippinensis, dem heutigen Köln, reiste und auf dem ganzen langen Weg mit einer Münze, nämlich dem Denar, bezahlte. Übrigens - wenn er gewollt hätte, hätte er auch das jenseits des Kanals tun können. Die Pax Romana hat den politischen Zusammenhalt gewahrt, die Knappheit des Geldes, die Stabilität der Währung. Welches Schicksal hat Europa in den Jahrhunderten danach genommen?

Jemand, der wie ich 1936 geboren ist, der durch die Trümmer seiner völlig zerstörten Heimatstadt zur Schule gegangen ist, durfte dann erleben, wie sich die Grenzen in Europa geöffnet haben, wie das freie Reisen zumindest im westlichen Teil Europas zur Selbstverständlichkeit wurde. Er konnte die Vielfalt der europäischen Kultur an den Originalorten erleben, und er konnte Freunde in Ländern gewinnen, in denen nach den Büchern der Schulzeit angeblich der Feind wohnte.

Diese Erfahrung hat mein Geschichtsbild geprägt. So war es eigentlich ganz logisch, dass ich mich mit dem Studium der Wirtschaftswissenschaft sehr bald auch mit Fragen der europäischen Integration beschäftigt habe. Der Abbau aller Handelsschranken, die Freizügigkeit der Personen, kurzum, die vier großen wirtschaftlichen Freiheiten waren das große Ziel, das sich dann mit dem einheitlichen Markt verwirklicht hat. Ich will nicht verhehlen, dass ich in Sachen Währungsunion zurückhaltender war, zwar nie gegenüber dem großen Ziel, das immer der Endpunkt, die Vollendung der Integration war, wohl aber in Sorge vor dem großen Sprung. In Sorge deswegen, weil ich weiß oder zu wissen glaube, was Währungsunion bedeutet, welche Konsequenzen sie für viele Bereiche von Wirtschaft und Politik jenseits des Monetären hat. Diese Sorge ist sehr viel geringer geworden angesichts der großen Konvergenzfortschritte, die die elf Mitgliedstaaten in den letzten Jahren gemacht haben. Ich hätte es offen gestanden nicht für möglich gehalten, dass Europa - das Europa der Elf, von dem wir hier sprechen - vor Beginn der Währungsunion praktisch Preisstabilität erreicht und dass Deutschland mit seiner Inflationsrate sich bestenfalls im Mittelfeld befindet! Eurostat hat vor wenigen Tagen die Inflationsrate für den März bekanntgegeben: 1,2%. Das ist Preisstabilität!

Die Sorge ist aber nicht völlig beseitigt, denn nicht auf allen Feldern der Wirtschaft kann Europa ähnliche Konvergenzfortschritte verzeichnen. Hier stehen noch große Aufgaben vor uns. Der Internationale Währungsfonds, der dem Vorhaben Währungsunion ja nun geradezu euphorisch gegenübersteht, hat beispielsweise in seinem *World Economic Outlook* vom Herbst letzten Jahres auf den Reformbedarf verwiesen, die Reformen, die erfüllt werden müssen, damit der Euro das große Potential, das in ihm liegt, auch ausschöpfen kann. Dazu bedarf es vor allem entsprechender Maßnahmen, damit die abschreckend hohe Arbeitslosigkeit in Europa abgebaut werden kann.

Die Einführung des Euro wird das Gesicht Europas prägen. Die Einführung des Euro ist das bedeutendste Ereignis in der internationalen Geld- und Finanzwelt seit dem Ende des 2. Weltkrieges. Der Euro wird die ihm zugedachte Rolle nur spielen können, wenn er eine stabile Währung wird. Um dies zu erreichen, gibt der Maastrichter Vertrag der Europäischen Zentralbank einen klaren Vorrang für das Ziel der Preisstabilität und stattet die für die Entscheidung Verantwortlichen mit Unabhängigkeit aus, damit sie die dafür notwendigen Entscheidungen treffen können.

Eine Währung lebt vom Vertrauen der Bevölkerung in die Stabilität des Geldes! Vertrauen in die Stabilität, in die Glaubwürdigkeit der Politik wirkt sich aus in niedrigen Zinsen, höheren Investitionen und mehr Beschäftigung. Das ist der Beitrag der Geldpolitik. Dieses Vertrauen muss hart erarbeitet werden, und wir können im Vorfeld der Währungsunion nun registrieren, dass der Euro von den Finanzmärkten bereits einen bemerkenswerten Vertrauensvorschuss erhält. Dieses Kapital gilt es zu nutzen. Ich bin der festen Überzeugung, dass zur Festigung bzw. zum Aufbau der Glaubwürdigkeit der Europäischen Zentralbank Transparenz ihrer Politik und Offenlegung der Gründe für ihre Entscheidungen gehören. Die Europäische Zentralbank schuldet der europäischen Öffentlichkeit Rechenschaft über die Gründe für die Entscheidungen, über ihre Strategie, über die laufenden geldpolitischen Maßnahmen, und wo könnte der entsprechende Dialog mit der europäischen Öffentlichkeit besser geführt werden als mit dem Europäischen Parlament, den Vertretern der europäischen Länder und Völker?

Für einen Ökonomen gibt es keine faszinierendere Aufgabe, als bei der Einführung, der Schaffung einer neuen Währung mitwirken zu dürfen. Ich selbst kann mir keine faszinierendere Aufgabe vorstellen. Ich denke, ich habe keine Illusionen über die Schwere dieser Aufgabe. Ich glaube, dass ich aufgrund meines Werdegangs - Verbindung von Wissenschaft und Erfahrung - auf einem wichtigen Posten in einer nicht ganz unwichtigen Notenbank dazu beitragen kann, dass der Euro ein Erfolg wird. Jedenfalls bin ich bereit, alles in meinen Kräften Stehende zu tun, um dazu beizutragen!

(Beifall)

Dieser Erklärung schloss sich die Befragung an. (Dieser Text gibt die vom Parlament verabschiedete Originalfassung an und enthält eine Reihe von Rechtschreibfehlern.)

4-287

Berès (PSE). - Monsieur Issing, vous êtes, parmi les membres du directoire désigné le week-end dernier, celui dont le mandat sera manifestement le plus long, d'où l'importance de l'audition à laquelle nous allons procéder aujourd'hui.

Je me réfère à une déclaration que vous avez faite dans un *Handelsblatt* - excusez mon allemand - en août dernier, dans lequel vous considérez que la Banque centrale européenne devra répondre aux attentes de la population, et où vous dites: »c'est la raison pour laquelle il est si important de ne pas donner l'impression que la banque d'émission peut apporter autre chose qu'une monnaie stable, comme plus de croissance ou plus d'emplois. Le traité ne lui en donne pas le droit; elle n'en a pas les moyens«.

Dans la réponse que vous nous faites à la question 6, vous vous référez à l'article 2 du statut de la Banque centrale, plutôt d'ailleurs qu'à l'article 105 du traité, mais vous le faites en ne retenant, me semble-t-il, qu'une partie de cet article, la partie où il renvoie au principe d'une économie de marché ouverte, où la concurrence est libre. N'y a-t-il pas de, de votre point de vue, d'autres objectifs de l'Union, notamment ceux définis à l'article 2, que la politique monétaire devra prendre en considération, et si oui, comment?

4-288

Issing. - Ich bin selbstverständlich der Ansicht, daß alle in Artikel 2 des Protokolls der Satzung des ESZB genannten Aufgaben Aufgaben der Europäischen Zentralbank sind, daß die von Ihnen im Vertrag erwähnten weiteren Bereiche in den Aufgabenkatalog der Europäischen Zentralbank fallen. Das ist für mich ganz selbstverständlich. Ich kenne den Vertrag und will in dieser kurzen Antwort nicht den geringsten Eindruck erwecken, als würde ich mir Teile davon heraussuchen. Ich muß ehrlich sagen, als ich an dieser Antwort geschrieben habe, habe ich zunächst den Vertrag danebengelegt, und ich wollte dann der Einfachheit halber, um eine solche Frage zu vermeiden, sozusagen den ganzen Vertragstext auflisten. Ich habe das unterlassen, weil ich weiß, daß Sie den Vertrag kennen. Was da steht, gilt für mich und hat für jeden zu gelten, der eine entsprechende Aufgabe übernimmt. Daran darf es keinen Zweifel geben!

4-289

Berès (PSE). - Mais, dans ces conditions, l'article 2 du traité ouvre très clairement la possibilité à d'autres dimensions d'une politique monétaire, et, manifestement, parmi les banquiers centraux, un consensus s'établit sur une stabilité des prix qui pourrait se définir autour du taux de 0 ou 2%. Quand y at-il véritablement, de votre point de vue, stabilité des prix suffisante pour faire autre chose? Et si oui, quelle est cette autre chose dans votre esprit?

4-290

Issing. - Die Preisstabilität, die wir in Europa - im Europa der Elf, aber auch darüber hinaus - erreicht haben, diese Preisstabilität spiegelt die Geldpolitik der Notenbanken der letzten zwei Jahre wider. Die Geldpolitik hat in ihren Wirkungen eine Wirkungsverzögerung von ein bis zwei Jahren, was den Preisindex der Lebenshaltung betrifft, den wir ja hier zugrundelegen. D.h. wir ernten heute die Früchte der Vergangenheit. Dazu beigetragen haben selbstverständlich auch die Tarifpartner mit Lohnerhöhungen, die zu Lohnstückkostenstabilität, in Deutschland sogar zum Senken der Lohnstückkosten geführt haben. Hier haben alle zusammengewirkt. Wir ernten die Früchte dieser Stabilitätspolitik aller Beteiligten nicht nur in Form niedriger Preissteigerungen oder von Preisstabilität, sondern wir ernten sie auch in Form von niedrigen Zinsen. Die meisten Länder in Europa - im Europa der Elf allemal - haben die niedrigsten Zinsen, die sie seit dem 2. Weltkrieg zu verzeichnen hatten. Das gilt vor allem für den langfristigen Zins, der in vielen Ländern, beispielsweise in Frankreich, auch in Deutschland, die wichtigste Rolle bei der Finanzierung von Investitionen spielt. Das sind die Früchte einer stabilitätsorientierten Politik, die sich auch in entsprechend höheren Investitionen und in mehr Beschäftigung auswirken werden. Aber diese größere Beschäftigung ist nicht zu erreichen, indem man Abstriche beim Ziel der Preisstabilität in Kauf nimmt.

4-291

Langen (PPE). - Herr Professor Issing, erst einmal herzlichen Glückwunsch! Sie sind unbestreitbar aus deutscher Sicht der beste Kandidat, der nominiert werden konnte, aufgrund Ihrer langen Erfahrung und Ihres wissenschaftlichen Hintergrundes. Die Konfliktfrage, die bisher in der Anhörung immer wieder aufgetaucht ist, war die Frage, die die Kollegin Berés hier gestellt hat: Warum eigentlich setzen die deutsche Bundesbank und Sie als derjenige, der für die geldpolitische Seite verantwortlich ist, so stark auf Geldwertstabilität? Im Vertrag ist es ja übernommen, im Artikel 105. Gibt es da nicht Konflikte mit der Beschäftigungspolitik? Das ist eigentlich die ständige, über allem schwebende Frage in dieser Anhörung.

Meine zweite Frage: Wie sehen Sie eine vernünftige Mischstrategie zwischen einem Geldmengenziel auf der einen Seite und einem Inflationsziel auf der anderen Seite? Drittens: Wo besteht Ihrer Meinung nach Reformbedarf - Sie haben es eben angesprochen - bei der Flexibilität der Arbeitsmärkte, beim Schuldenabbau, bei den Staatsaufgaben? Das wären meine Fragen.

4-292
Issing. - Herr Abgeordneter, ich will der Versuchung widerstehen, die bei mir naheliegt, nämlich eine Vorlesung zu halten, denn die drei Fragen, die Sie angeschnitten haben, betreffen Grundfragen des Verständnisses der Geldpolitik. In aller Kürze: Der oft beschworene Konflikt zwischen Geldwertstabilität, Beschäftigung und Wachstum besteht auf mittlere, auf lange Sicht nicht. Es gibt eine Vielzahl von Studien, die dies belegen. Um nur eine zu erwähnen: Robert Barrow hat in einer vielbeachteten Studie, die von der Bank of England veröffentlicht wurde und sich mit ca. 100 Ländern zwischen 1960 und 1990 befaßt, klar nachgewiesen, daß Preisstabilität nicht auf Kosten von Wachstum und Beschäftigung geht. Er hat auch darauf verwiesen, daß bei niedrigen Inflationsraten es nicht so arg viel ausmacht. Aber noch einmal, es ist durch weniger Preisstabilität nichts zu gewinnen.

Daß auf ganz kurze Sicht Konflikte bestehen können, ist unbestritten. Ich darf darauf verweisen, daß wir in der Zeit, in der ich bei der Bundesbank war, nach der deutschen Wiedervereinigung, 1992 in Westdeutschland eine Inflationsrate von knapp 5% hatten. Die Bundesbank hat zwar versucht, diese Inflationsrate allmählich wieder herunterzubringen, aber sie hat dazu keinen Gewaltakt unternommen. Wir haben versucht, das in gesamtwirtschaftlich möglichst verträglicher Weise zustande zu bringen. Das hat dank des Mitwirkens aller Beteiligten dann auch zu den jetzigen Ergebnissen geführt. Ich weiß, daß es auch die eine oder andere Studie gibt, die etwas anderes besagt, aber durch die Wissenschaft ist der Befund gängig, den ich genannt habe. Mit anderen Worten, das ist für mich keine Glaubensfrage, sondern es ist eine Frage der Empirie und der Theorie.

Die zweite Frage betraf die Strategie im Zusammenhang mit Geldmengenziel und Inflationsziel. Es ist nicht überraschend, daß ich für ein Geldmengenziel eintrete, die Vorziele eines Geldmengenziels immer wieder betone. Ich habe aber auch schon sehr früh, nämlich schon vor zwei Jahren, darauf hingewiesen, daß sich die Erfahrungen der Bundesbank nicht einfach auf die Europäische Zentralbank werden übertragen lassen. Der Euro, die neue Notenbank startet in einem völlig neuen Umfeld. Es wäre in meinen Augen viel zu riskant, hier nur auf eine Strategie zu setzen. Deswegen habe ich dafür plädiert, ein Geldmengenziel um eine möglichst umfassende Inflationsprognose zu ergänzen, so daß wir Elemente aus beiden Strategien - der Inflationszielstrategie und der Geldmengenstrategie - miteinander verbinden, um diese vor allem schwierige Anfangsphase bewältigen zu können.

Was den Reformbedarf anbelangt, so kann ich nur auf die Unzahl von Studien verweisen, die belegen, wo die Defizite in vielen europäischen

Ländern liegen. Der IMF ist zu erwähnen, die OECD. Betreffend das Land, aus dem ich komme, halte ich es für völlig klar, daß die hohe Steuerbelastung, viele Rigiditäten, viele Regulierungen die nötige Flexibilität verhindern und den Beschäftigungsaufbau in einer Weise hemmen, die auf Dauer nicht erträglich ist, denn das ist das größte soziale und wirtschaftliche Problem, das uns zu erdrücken droht!

4-293

Giansily (UPE). - Monsieur le Professeur, nous avons, depuis ce matin, et au cours des auditions de vos futurs collègues, évoqué à de nombreuses reprises le lien entre la masse monétaire et l'emploi. Et, ce matin, comme M. Duisenberg avait mis, dans sa profession de foi, qu'il était très heureux d'être celui qui avait arrimé le florin au mark, ce qui, à son avis, avait permis la réussite économique de la Hollande au cours de ces dix dernières années, je lui ai demandé pourquoi, avec la même politique monétaire, le chômage avait explosé en Allemagne au cours de ces trois dernières années, alors que, dans son pays, le nombre des chômeurs est limité à 300.000 personnes actuellement, ce qui, proportionnellement à la population, représente un peu plus de 6%.

Il a répondu, et je souhaiterais savoir si vous partagez son opinion, que la Hollande avait su pratiquer la flexibilité, dans des conditions, des relations de gestion avec les syndicats, beaucoup plus souples que celles qui avaient pu être pratiquées en Allemagne et que, par conséquent, c'était plutôt aux rigidités du système que l'on devait ce chômage-là.

Je voudrais vous demander d'abord si vous partagez cette opinion, naturellement, mais aussi si vous ne pensez pas que l'une des façons, justement, de résorber le chômage, dans les années à venir, ce serait d'abandonner une politique monétaire trop rigide? Si vous maintenez cette politique, qui peut se justifier pendant une certaine période, pouvez-vous la justifier pendant des périodes de chômage longues?

4-294

Issing. - Herr Abgeordneter, die Niederlande ernten heute die Früchte von harten Maßnahmen, die sie vor gut zehn Jahren begonnen haben. Es war ein langer Weg, der in der Tat durch das Bemühen aller Beteiligten gekennzeichnet war, die Arbeitslosigkeit zu bekämpfen, zu reduzieren. Hier haben alle Seiten ihren Beitrag geleistet und vor allem zu erheblich größerer Flexibilität geführt. Das Beispiel Niederlande zeigt aber auch, und Sie haben darauf verwiesen, Holland hat seine Währung, den Gulden, fest an die Mark gekettet, das heißt, die niederländische Notenbank und die Bundesbank haben die gleiche Geldpolitik betrieben, und die gleiche Geldpolitik ist heute sozusagen in den beiden Ländern mit einer ganz unterschiedlich hohen Arbeitslosigkeit konfrontiert. Dieses Beispiel legt den Schluß nahe, daß es an der Geldpolitik nicht liegen kann, denn die war in beiden Ländern gleich, wobei man im Falle Deutschlands natürlich auch hinzufügen muß, daß ein erheblicher Teil unseres Arbeitslosigkeitsproblems mit der Wiedervereinigung und ihren Folgen bzw. dem, was vorher in der damaligen DDR geschehen war, zu tun hat.

4-295

Gasòliba i Böhm (ELDR). - En su declaración, señor Issing, ha hecho usted mención del euro en la escena internacional, y ha citado la apreciación positiva del Fondo Monetario Internacional, considerándolo como una aportación a la estabilidad en los mercados financieros internacionales. Y ello se apreció incluso antes de que naciese el euro con la crisis asiática hace unos meses.

Mi pregunta es: desde el Banco Central Europeo, cuando tome su nueva responsabilidad en este ámbito, ¿cómo ve que se ha de orientar el euro para tener precisamente esta dimensión internacional? Y consecuencia de esta primera pregunta: ¿qué tipo de relación funcional cree que se ha de establecer entre el Banco Central Europeo y la gestión del euro y las instituciones económicas internacionales, principalmente el Fondo Monetario Internacional?

4-296

Issing. - Zum zweiten Teil Ihrer Frage muß man zunächst bedenken, daß Mitglieder im Internationalen Währungsfonds die Mitgliedstaaten sind und bleiben. Welche Rolle hier die EZB und ihre Vertreter spielen werden, muß sich, denke ich, erst in der Praxis entwickeln, wie ja überhaupt von G7 bis hin zu anderen Gremien alles im Fluß ist. Ich denke, daß die bisherigen Strukturen die wirtschaftliche Verteilung in der Welt nicht mehr richtig widerspiegeln, und mit der Währungsunion kommt hier ein weiteres Element hinzu. Ich denke, daß die ganze Struktur der internationalen Konferenzwelt, sage ich einmal, neu durchdacht werden muß, daß hier Reformen nötig sind. Das ist das eine.

Zum ersten Teil: Ich bin davon überzeugt, daß der Euro als stabile Währung sich von Geburt an neben dem Dollar als führende Währung etablieren wird. Dazu wird beitragen, daß Investoren in der Welt ungern alle Eier in einen Korb legen, und gegenüber dem Dollar wird der Euro sozusagen die natürliche, aber für einige Zeit auch einzige größere bzw. relevante Währung sein. Aber er wird diese Rolle nur dauerhaft spielen und sich in der Dimension dem Dollar nähern können, wenn er das Vertrauen der Anleger genießt, denn es sind vor allem die Investoren in der Welt, die über die internationale Rolle einer Währung entscheiden. Es ist nicht der Wille der Notenbanken. Es ist nicht der Wille der Politik, sondern es ist das Vertrauen der Märkte, das einer Währung diese herausragende Rolle verleiht.

4-297

<u>Gasòliba i Böhm (ELDR).</u> - Al escuchar su respuesta, me ha surgido otra pregunta. Usted hace correctamente mención a la posibilidad de que una serie de Bancos centrales de Estados terceros a la Unión Monetaria, en su gestión de reservas, demanden euros. La pregunta sería: esta simple gestión para asegurar una adecuada diversificación y solvencia en las reservas de Estados terceros ¿puede ocasionar al principio del euro, es decir, durante los primeros meses de 1999, una fuerte demanda internacional de euros y, por lo tanto, pueda llegarse incluso a una revaluación del euro, fruto de este incremento en la demanda?

4-298

<u>Issing.</u> - Es ist richtig, daß Portfolio-Verschiebungen mit der Einführung des Euro in der Welt zu erwarten sind, denn die Währungen, die ab 1.1.1999 de facto im Euro aufgehen, werden diese Rolle verlieren, so daß etwa die Notenbanken in der Welt, die bisher einen nicht unerheblichen Teil ihrer Währungsreserven in DM halten, sich nun nach Alternativen umsehen müssen. Innerhalb der Währungsunion wird der Reservebedarf deutlich geringer werden. Hier wird sich das Problem sehr leicht lösen. Gegenüber Drittländern verweise ich auf das gleiche. Auch für Notenbanken ist am Ende die Stabilität der Reservewährung für die entsprechende Wahl entscheidend.

Darüber hinaus wird der Euro eine wichtige

Rolle in östlicher Richtung spielen, nämlich als Ankerwährung für die Reformländer, die einen Anhaltspunkt suchen, um ihre eigene Geldpolitik auf Stabilität auszurichten. Das ist eine Rolle des Euro, die meines Erachtens noch viel zu gering beachtet wird. Sie wird eine wichtige Funktion haben.

4-299

Hautala (V). - Herra Issing, te otatte nyt haasteen vastaan ja ryhdytte luomaan aivan uutta valuuttaa. Sanoitte, että olette aikaisemmin tuntenut epäilyä. Minä pidän sitä terveenä. Ehkä sallitte, että kysyn teiltä, mitä riskejä meillä on edessämme. Mikä voi mennä pieleen? Lyhyellä tähtäimellä, voivatko nämä yhteensidotut valuutat nyt joutua keinottelun kohteeksi jo ennen tammikuun ensimmäistä päivää ja onko Euroopan keskuspankilla sitten myöhemmin välineitä puolustaa euroa vastaan kohdistuneita spekulatiivisia hyökkäyksiä? Pidemmällä tähtäimellä kysyisin, miten torjuisitte sellaisia vaaroja, jotka liittyvät siihen, että taloudet kehittyvät kovin eriaikaisesti Euroopan unionin eri alueilla. Yksi maa voi joutua kriisiin, kun harjoitetaan yhtä ja yhteistä raha- ja korkopolitiikkaa. Mitkä ovat teidän neuvonne tällaista tilannetta varten?

4-300

Issing. - Meine Zweifel - ich habe von Sorgen gesprochen, nicht von Zweifeln - bezogen sich auf die Methode. Ich habe das oft genug geschrieben, so daß das dokumentiert ist, und ich will mich davon nicht distanzieren. Ich war immer ein Anhänger der sogenannten Krönungstheorie, die in Deutschland prominent von Karl Schiller und von vielen Ökonomen vertreten wurde, das heißt, die Vorstellung, daß sich die Mitgliedstaaten der Europäischen Union so aufeinander zubewegen, daß man eines Tages de facto schon in einer Währungsunion lebt, und - wenn Sie so wollen - dann zur Krönungszeremonie nach Reims geht, um das zu besiegeln, was man faktisch schon erreicht hat.

Mit dem Konvergenzprozeß wurde im Maastricht-Vertrag ein wesentlicher Teil dieser Idee übernommen, denn Konvergenzanstrengung heißt ja, sich dahinbewegen. Mit dem letzten Datum 1.1.1999 hat der Maastricht-Vertrag andererseits ein wichtiges Element der monetären Theorie, die vor allem in Frankfreich populär war, übernommen, weil es heißt, spätestens dann geht es los, ganz gleich, ob wir nun im einzelnen schon alles geleistet haben oder nicht. Daraus ergeben sich logischerweise noch Aufgaben für die Zukunft. Das ist auch ganz unbestritten, das steht im Bericht der Kommission, des Europäischen Währungsinstituts und auch in der Stellungnahme der Bundesbank. Niemand in den Mitgliedstaaten, die an der Währungsunion teilnehmen werden, denke ich, hat zumindest hinter verschlossenen Türen Zweifel daran, daß hier noch erhebliche Hausaufgaben zu leisten sind.

Auch davon hängt der Erfolg des Euro ab. Alle müssen eben mit diesem neuen Regime leben. Hinsichtlich der Spekulation habe ich keine Sorgen. Für das Jahr 1998 ist mit der Entscheidung von diesem Wochenende, für die ich sehr früh eingetreten bin, nämlich die bilateralen Wechselkurse frühzeitig festzulegen, eine ganz entscheidende Weichenstellung erfolgt. Ich bin oft gefragt worden, ob es jetzt nicht spekulative Attacken gegen diese Ankündigung geben könnte, und ich habe gelegentlich im Scherz einmal gesagt: Ich wäre dafür, Herrn Soros einen Brief zu schreiben und ihn einzuladen, gegen dieses *committment* zu spekulieren. Er kann nur verlieren, denn es liegt an den Beteiligten, das zu realisieren, was sie an diesem Wochenende versprochen haben. Dagegen ist die Spekulation machtlos. Man sollte das auch mit Selbstbewußtsein verkünden und keine Furcht vor der Spekulation an die Wand malen, dafür gibt es keinen Anlaß. Das könnte erst die eine oder andere Attacke von Amateuren auslösen, nicht von den Profis, die wissen, daß das nur zu Verlusten führen kann.

Wenn jetzt kleinere Wechselkursschwankungen auftreten würden, dann wäre das genau die Falle, in der die Spekulation verlieren muß, weil zum 31.12.1998 das exerziert wird, was die Länder, die Staaten, die Notenbanken für die Zukunft versprochen haben. Da bin ich ganz sorglos. Daß man immer noch Fehler machen kann, das ist damit nicht ausgeschlossen, aber sie sind zu vermeiden.

4-301

Hautala (V). - Toivoisin vastausta myös toiseen kysymykseeni, joka oli tämä: kuinka tämä talouden eriaikaisuus Euroopan unionin alueella hallitaan? Mikä on teidän neuvonne siihen?

4-302

Issing. - Bei meinen Gegenargumenten gegen die Spekulation habe ich mich so hinreißen lassen, daß ich das mit der Asymmetrie übersehen habe. Ich wollte dem nicht ausweichen, sondern will das gerne nachholen. Die Geldpolitik fällt dafür aus. Das ist eine der Folgen einer einheitlichen Währung, einer für das ganze Währungsgebiet einheitlichen Geldpolitik. Hier kann es keine Differenzierungen geben, so wenig wie die *Banque de France* für die Provence und die Bretagne eine unterschiedliche Geldpolitik machen kann, die Bundesbank für Westen und Osten oder Nord oder Süd. Hier kann es nur noch eine einheitliche Geldpolitik geben. Die Geldpolitik fällt als Antwort auf asymmetrische Schocks aus, das heißt, die Konsequenzen asymmetrischer Schocks, wenn sie denn auftreten, müssen von den anderen Bereichen der Wirtschaftspolitik verkraftet werden. Hier sind die Arbeitsmärkte gefordert. Hier ist die Finanzpolitik gefordert.

4-303

Castagnède (ARE). - Monsieur le Professeur, permettez-moi d'abord de me réjouir de ce que, grâce à votre personne, notamment, l'Université européenne soit appelée à être représentée de manière significative à la Banque centrale. Cela me paraît de bon augure pour la confiance, non seulement des marchés, mais aussi des citoyens qui, souvent, sont, à un moment de leur vie, des étudiants.

Pour en venir à ce qui nous occupe aujourd'hui, on vient d'évoquer à nouveau la question de l'articulation entre une politique monétaire unique et des politiques budgétaires décentralisées. Ma question portera sur l'éventualité d'une politique budgétaire commune. À l'heure actuelle, le budget de l'Union, ce n'est pas grand-chose, c'est certain, il n'atteint pas 1,2% du PIB commun, mais tout de même, 1,2% du PIB de quinze pays réunis, ce n'est déjà pas absolument rien.

Mais vous, vous êtes appelé à être nommé pour huit ans. Cela permet de rêver un peu. Par conséquent, ne pensez-vous pas que sur ce moyen terme, il serait utile que la politique monétaire unique fasse, petit à petit, peut-être par une augmentation, que vous souhaiterez sans doute mesurée, de la masse du budget de l'Union, apparaître une politique budgétaire commune qui permette d'assurer dans de meilleures conditions ce que vous, économistes, appelez le *policy-mix*?

4-304

<u>**Issing.**</u> - Ich freue mich natürlich über Ihr positives Urteil oder jedenfalls die Hoffnung, daß die Wissenschaft in der Geldpolitik zu

besseren Ergebnissen führen könnte. Ich will jedenfalls, wenn ich ernannt werde, versuchen, dazu beizutragen, obgleich ich auch weiß, wo die Grenzen wissenschaftlicher Erkenntnis in der Umsetzung für die Geldpolitik liegen. Zu Ihrer zweiten Frage: Ich persönlich, die Bundesbank, wir haben immer betont, daß sich aus der Asymmetrie des Maastricht-Vertrages - hier eine Währungsunion, auf der anderen Seite keine wirkliche politische Union im Sinne einer politischen Einheit, wie immer genannt -, daß sich daraus besondere Probleme ergeben, und eine der Schwierigkeiten der großen Aufgaben, der Herausforderung der Zukunft liegt darin, daß die Gemeinschaft mit dieser Konstellation zurechtkommt. Hier gibt es kurzfristig, denke ich, wenn man vom gegebenen institutionellen Arrangement ausgeht, die Aufforderung, die Märkte flexibler zu gestalten - das ist die Antwort auf diese Asymmetrie, wie ich sie nenne -, und an die Finanzpolitik, zu Hause für Ordnung zu sorgen und auf nationale unterschiedliche Vorgänge mit nationalen Antworten angemessen zu reagieren.

Inwieweit die Union in Richtung einer politischen Union dann auch die Konsequenzen im Bereich der Finanzen zieht, hin zu einem größeren Gemeinschaftshaushalt, ein Urteil darüber steht der Europäischen Zentralbank meiner Ansicht nach nicht zu, sondern das ist das Feld, auf dem Sie arbeiten und diskutieren und auf dem Sie sich vermutlich auch Äußerungen der

EZB, wenn sie dann errichtet ist, sehr bald verbeten würden.

4-305

Blokland (I-EDN). - Ik wil professor Issing graag de volgende vraag stellen. Tot 1 januari 1999 voeren de nationale centrale banken nog monetair beleid. Daarna zal de Europese Centrale Bank dat doen. Toch zijn sinds dit weekend de onderlinge koersen aan elkaar geklonken en gedragen de elf munten zich als een euroblok. Nu is er op z'n zachtst gezegd enige onvrede bij de Bundesbank over de gebeurtenissen van het afgelopen weekend. De heer Duisenberg heeft eens gezegd dat de Bundesbank net slagroom is. Hoe harder je klopt des te stijver het wordt. De verwachting van de financiële markt is dat de Bundesbank haar rentetarieven sneller en meer zal verhogen dan waarmee tot nu toe rekening werd gehouden. Deze verwachting stuurt de DM en daarmee de euro omhoog ten opzichte van de dollar. Daardoor moeten de Europeanen een hogere rente betalen en wordt de euro een keiharde munt. Dit zou de wraak zijn van de Bundesbank op Jacques Chirac. Wat denkt u van deze analyse? Wat zou u doen om de daling van de dollar ten opzichte van de euro tegen te gaan?

4-306

Issing. - Als ich am Montagfrüh an meinem Schreibtisch saß und den Monitor beobachtet habe, war ich über das Votum der Finanzmärkte, über die Vorgänge des Wochenendes doch durchaus überrascht, denn es zeigt sich ja eine Verstärkung der DM, aller europäischen Währungen, sozusagen des Euro der Zukunft. Die Verbindung zur Bundesbank und dem Bild vom Sahneschlagen, das von Herrn Duisenberg stammt, in dem Zusammenhang finde ich nicht zwingend, denn warum sollte die Bundesbank auf diese Ereignisse in dieser Weise reagieren, warum sollte sie überhaupt reagieren? Dafür gibt es keinen Grund. Die Bundesbank, die europäischen Notenbanken, die demnächst das System der Europäischen Zentralbanken bilden werden, müssen das gesamtwirtschaftliche Umfeld bedenken. Sie müssen zunehmend eine europaorientierte - Währungsunion meine ich mit europaorientiert - Politik betreiben. Das gilt auch für die Deutsche Bundesbank. Mit dem Wochenende hat die Vorstufe der Währungsunion begonnen. Der entscheidende Regimewechsel hat eigentlich schon an diesem Wochenende stattgefunden. Die Notenbanken, zum Beispiel die Bundesbank, haben zwar nach gesetzlichem Auftrag noch die Verantwortung für ihre Geldpolitik, aber de facto sind wir seit Montag eingebunden in dieses neue Arrangement. Die bilateralen Wechselkurse sind ein- für allemal fixiert, und damit ist die Vorstufe der Währungsunion eingeläutet. Sie hat begonnen, und daran müssen sich die Notenbanken orientieren.

4-307

Hendrick (PSE). - This week's *Newsweek* has an interview with Alan Blinder who, as you may know, was Vice-Chairman of the Federal Reserve Board. When Mr Blinder was asked if he was the President of the European Central Bank what his first step would be, his response was that undeniably unemployment is too high in almost all the European countries. On the other hand, the brand new Central Bank, with its brand new currency, is going to perceive a need - and it is genuine - to establish its credibility as a serious central bank. Article 2 of the Treaty, as you know, talks about high levels of employment and Article 105 talks about supporting the general economic policies of the Community. Do you see any scope for the relaxation of monetary policy without prejudice to price stability in order to combat unemployment, and if not why not? You have partly answered the question by the study which you quoted but you made particular reference in that study to longstanding benefit. Do you see any short to medium-term benefits from this action?

<u>Issing.</u> - Alan Blinder is a good friend of mine. He was Vice-Chairman of the Fed and he went back to Princetown University because he could not afford financially to stay any longer. The people there are paid shamefully. I had many discussions with him on this issue, we exchanged views as academics and later as central bankers. We always came back to the question of what is the trade-off between price stability and full employment or inflation and unemployment? Alan is always trying to convince me and I am trying to convince him. The main

difference between the two of us is not about the long term or medium term, it is of course the short term, which you mentioned yourself. The main difference is that the Americans have no idea about our institutional environment which is totally different. When thinking about labour markets and so many regulations they more or less automatically transfer their environment into the European one and see the ECB or the Bundesbank or Banque de France in the flexibility of American labour markets and a deregulated system. I think the main differences of opinion come from that. I wonder if Alan Blinder stayed for a while in Europe if he would still persist with his opinion but perhaps he is a lost case, I do not know.

(Laughter)

4-309

Hendrick (PSE). - It would seem that Mr Blinder is not on his own. Mr Duisenberg said this morning once price stability has been achieved and established in peoples' minds, i.e. when the public no longer takes account of the actual prospect of inflation, there is room to gradually lower interest rates as long as this does not disadvantage price stability. That is Mr Duisenberg's view from this morning and Mr Duisenberg, as you would agree, is a European. Are you saying that you are at odds with Mr Duisenberg?

Issing. - No, I am not at odds with him. We have, of course, had many discussions on that and my interpretation of this quote is that like me Mr Duisenberg was stressing the benefits of price stability for monetary policy. We have achieved price stability which is reflected in the lowest interest rates we have seen for decades in Germany and the lowest ever since the Second World War in Italy and some other countries. This is the contribution of monetary policy; this is spurring on investment, this is especially fostering building because long-term rates matter the most and long-term rates are only achieved if people, if savers, believe that price stability will continue in the future. This is the main issue; it is inflationary expectations and not just achieving a one-off situation. It is decisive to convince people that this situation will continue in the future and on that basis we will have lower real interest rates and high inflationary expectations would increase real rates and be detrimental to investment.

4-311

<u>Funk (PPE).</u> - Herr Professor Issing, ich möchte mal die Diskussion herunterholen zum Bürger, mit dem ich jeden Tag zu tun habe. Da gibt es folgende Frage: Es gibt eine Gruppe von Menschen, die von Jahr zu Jahr größer wird, nämlich die, die von Ersparnissen lebt und um diese Ersparnisse große Sorge hat, weil sie sich fragt, ob sie auch nachher nicht zu den Verlierern dieser Währungsunion gehört. Das ist die eine Sorge. Die großen Vermögen werden

davon profitieren, aber wir Kleinen wollen ja für die nächsten zehn bis zwanzig Jahre unser Leben mit dem gestalten, was wir uns selbst erarbeitet haben.

Ein zweiter Vorwurf, der an uns gerichtet wird, ist: Auch aus dieser großen Währung Euro werden die großen Unternehmen, die weltweit agieren, große Vorteile schöpfen können. Die Frage nun an Sie: Was kann man tun, damit der Bürger, der Verbraucher in Europa, von diesen Vorteilen auch etwas abbekommen kann?

4-312

Issing. - Ich bemühe mich auch, mit dem kleinen Bürger in Kontakt zu bleiben. Ich habe eine große Familie. Meine Mutter ist über 90 und fragt mich fast jede Woche: Wird der Euro denn auch stabil bleiben? Es ist ja so: Je älter die Leute sind, desto mehr Angst haben sie um ihre kleinen Ersparnisse. Ein psychologisch wahrscheinlich ganz verständlicher Vorgang, der einem oft begegnet.

In Deutschland spielt dabei eine große Rolle, daß die Menschen leider Gottes bis zum heutigen Tage Schwierigkeiten haben, die Einführung einer neuen Währung und die Währungsreform von 1948 auseinanderzuhalten. Es ist ganz schwer, und man muß auch sehen, daß diese Möglichkeit, dieses Potential, von »Rattenfängern« politisch mißbraucht wird, die fälschlicherweise auf die Parallelität verweisen. Das ist eine ganz schwere psychologische Hypothek, und in vielen Vorträgen - das machen Sie, das machen wir alle - versuchen wir insbesondere auf diesen an sich unerklärlichen Effekt hinzuweisen, wie unsinnig der Vergleich ist, aber man muß die Ängste der Menschen ernst nehmen und versuchen, ihnen davor die Furcht zu nehmen.

Für den berühmten Mann auf der Straße ist das einzige, was er unmittelbar versteht, daß er in Europa reisen kann und nicht mehr umtauschen muß, und das ist für die Europäer nicht wenig! Die Deutschen geben netto im Ausland im Jahr mehr als 60 Milliarden DM aus, und ein erheblicher Teil davon wird in Zukunft in Euro sein. Das wird die unmittelbare Erfahrung sein. Zur Erfahrungswelt gehört der Umgang mit solchen Dingen. Wenn sich die wirtschaftliche Situation verbessert, wird sicherlich allmählich auch beim einfachen Bürger der Vorteil eines größeren Währungsgebietes ankommen, aber das sind Dinge, die zunächst einmal über den Verstand laufen und nicht über die unmittelbare Erfahrung, so daß man hier noch eine Menge Aufklärungsarbeit zu leisten hat. Da kann ich Ihnen nur zustimmen.

4-313

Giansily (UPE). - Je voudrais revenir sur une question qui concerne la masse monétaire. Je souhaiterais savoir si votre position, Monsieur le Professeur, est, au cours des trois premières années de votre mandat, de faire en sorte que la masse M3 reste comprimée, comme elle l'a été ces dernières années par l'ensemble des politiques des Banques centrales? Ne pensez-vous pas que, compte tenu de notre certitude d'avoir une stabilité à long terme, c'est-à-dire aussi bien en termes d'inflation qu'en termes d'assainissement de l'économie, puisque le pacte de stabilité va permettre de maintenir, sur une longue période, les résultats obtenus grâce aux critères de Maastricht, donc ne pensez-vous pas que le volume de la masse M3 devra être, dans les années qui viennent, un peu lâché?

4-314

Issing. - Eine Vorhersage darüber, wie sich die Geldmenge in den ersten drei Jahren der Währungsunion entwickeln wird und wie sie sich entwickeln soll, erscheint mir zum heutigen Zeitpunkt sehr gewagt. Noch fehlen uns die statistischen Voraussetzungen, noch fehlt das entsprechende europäische Geldmengenaggregat. Es ist rein statistisch noch nicht verfügbar. Allerdings haben wir ähnliche Schwierigkeiten auch bei anderen Feldern. Auch bei einem Inflationsziel sind wir einer Vielzahl von Informationsproblemen ausgesetzt. Es ist eine neue Währung, ein neuer Währungsraum. Wir kennen noch nicht das Verhalten der Bürger. Wir kennen nicht technisch gesprochen die Geldnachfrage. Wir wissen noch nicht um die Stabilität. Wir behelfen uns bisher nur mit Schätzungen, die sich auf die Vergangenheit beziehen, die gemacht werden unter der Annahme, daß man schon eine Währungsunion gehabt hätte, aber das sind nur Annäherungen. Das heißt, wir müssen uns hier erst an Zielvorstellungen herantasten. Wir starten mit erheblichen Unsicherheiten, daß auf Dauer zuviel Liquidität zuviel Inflation bedeutet. Ich meine, das wird auch für den Euro gelten. Das hat bisher für alle Währungen dieser Welt, über alle Jahrhunderte, Jahrtausende hinweg, soweit wir Information haben, und für alle Länder gegolten. Es ist nicht anzunehmen, daß der Euro da die erste Ausnahme bilden wird.

4-315

Cox (ELDR). - Two questions, the first in relation to pre-ins and outs. There is in the Treaty a requirement that Monetary Policy be conducted as a matter of common interest; it is useful that this is contained in the Treaty but it is wonderfully ambiguous as a phrase. For someone who will be there for an eight-year stretch, if and when appointed, the question arises: does that have any operational meaning and content? Second question, I was very pleased to hear in response to an earlier question that you emphasized the important anchor role that the euro may play for the countries of Central and Eastern Europe. Again, because the first round of entrants will come in during the period when you would be on the Executive Board, could I invite you to think out loud for us and sketch out how we may evolve a relationship? You have a unique experience of German Monetary Union. I accept it is very different, the context and circumstances were different but nonetheless what we have learned is the extraordinary competitive difficulty of making the transition from the old system to the new system. In that sense I believe that Bank should be an active partner in assisting us to achieve, what for the new millennium, will be the major strategic political target for enlargement.

<u>Issing.</u> - The first question I believe you asked is about the common interest referring to those Members of the European Union who will not be part of Monetary Union from the start. I believe the arrangement EMS II sets the stage and gives those Member countries not yet wanting or able to take part in Monetary Union the chance to anchor their currency to the euro or at least to orientate their monetary policy towards having a stable relation to the euro. The relationship between the in and out Members of the Central Bank are very precisely regulated in this Treaty.

As to Central and Eastern Europe, in the past most countries chose a basket orientation in which, for example, the deutschmark and the dollar played a major role. With the emergence of the euro, their orientation will be made easier. I believe that the euro is a natural candidate either as the only anchor currency for them or as a big component in their basket, perhaps with the euro and the dollar. It depends on their trade relations with the European Union, or those countries which form Monetary Union, and the rest of the world, which is more dollar oriented. This will be a major focus for their policies so they can see how far they have come towards stability. Many of them finally want to join the Union, and in the end the Monetary Union. They have a real orientation for this long journey.

Cox (ELDR). - A brief supplementary arising from the first response. EMS II technically is not mentioned in the Treaty but even if it was, some of the States I am enquiring about say they do not want to be in it. So in answering though EMS II in some respects is not an answer because some of the states say, no thank you. What does »common interest« mean, if it is not EMS II?

Issing. - I shall not address the legal question of how important this will be for later membership of Monetary Union. In the economic context, I believe it is very clear that a country which one day will join Monetary Union should have established stable relations to the euro over some time. Otherwise with a highly fluctuating exchange rate, it would be very dangerous for the country itself to take part in Monetary Union. Economically, this is not a real dispute, there should be no difference of opinion.

4-319

Berès (PSE). - Monsieur Issing, vous venez d'un pays dont le modèle en matière de banque centrale aura sans doute beaucoup servi pour l'établissement de la Banque centrale européenne, et manifestement dans son concept d'indépendance. Or, ce concept d'indépendance existe dans un ensemble institutionnel qui comprend un gouvernement fédéral, un Bundestag, et une opinion publique. De ce point de vue-là, personnellement, et au-delà des réponses que vous avez pu apporter aux questions écrites que nous vous avons présentées, comment évaluez-vous la situation au plan européen? L'équilibre, tel qu'il est aujourd'hui établi dans le traité de Maastricht vous paraît-il suffisant, et en particulier du point de vue de cette institution, le Parlement européen.

Comme vous le savez, sur la base du rapport de notre collègue, Christa Randzio-Plath, nous avons fait un certain nombre de propositions sur lesquelles nous serions heureux d'avoir vos réactions, mais au-delà des réponses écrites que vous avez pu apporter sur le questionnaire, et en vous interrogeant in fine sur votre sentiment quant à la possibilité soit de modifier le traité de Maastricht sur certains de ce ses points, soit sur la possibilité d'envisager des accords interinstitutionnels pour améliorer cette situation, dans l'intérêt même de l'indépendance de la Banque centrale, qui ne sera indépendante que si elle ne sert pas de bouc-émissaire à une opinion publique.

4-320

Issing. - Das letzte, was Sie angesprochen haben, nämlich die Sündenbockrolle der Notenbank, ist ein wichtiges Problem. Allerdings hat dieses Problem einen Januskopf, denn Sündenbock heißt teilweise auch, daß man eine Notenbank verantwortlich machen kann für Fehler, die in anderen Bereichen der Politik gemacht werden. Zum ersten: Es ist richtig, als der Maastricht-Vertrag vorbereitet wurde, war die Deutsche Bundesbank neben der einen oder anderen die einzige große Notenbank, die den Vorteil, wenn Sie so wollen, den Vorzug der Unabhängigkeit genoß. Der Maastricht-Vertrag hat die Unabhängigkeit der Notenbank nun zu einem wesentlichen Element des institutionellen Arrangements für die europäische Geldpolitik in der Währungsunion gemacht, aber das war ja nicht deutsches Diktat, sondern das war die Erfahrung, die nun weltweit gemacht wurde. Ich bin der festen Überzeugung, daß ein Jahrzehnt früher dieses Statut der Europäischen Zentralbank niemals Zustimmung bei allen zwölf, später dann fünfzehn Mitgliedstaaten gefunden hätte.

In der 70er Jahren haben alle großen Länder dieser Welt verheerende Erfahrungen mit Inflation, Inflationsbekämpfung, Stagflation, hoher Arbeitslosigkeit gemacht. Sie haben daraus gelernt. Die 80er Jahre waren dann gekennzeichnet durch Inflationsbekämpfung, durch erhebliche gesamtwirtschaftliche Verwerfungen. Viele Länder haben deswegen große Schwierigkeiten erlebt. Diese 80er Jahre waren dann aber auch begleitet von einer Flut von Untersuchungen zur Frage, woher kamen denn die Schwierigkeiten der 70er Jahre? Woher kommt es, daß einzelne Länder zweistellige Inflationsraten hatten und höhere? Eine Vielzahl von Studien hat belegt, daß Unabhängigkeit der Notenbank und die Ergebnisse bei der Preisentwicklung eng miteinander verknüpft sind. Diese Erfahrungen sind eingegangen in den Maastricht-Vertrag. Es war die Überzeugung, die sich auch in anderen Ländern, in allen Staaten der Europäischen Union ausgebreitet hatte. Daß man dann etwas braucht, um mit dieser Idee und mit diesem neuen Arrangement zu leben, ist nicht verwunderlich. Das ist auch in der Bundesrepublik nicht vom Himmel gefallen. Bundeskanzler Adenauer war kein Freund der Unabhängigkeit der Bundesbank. Er hat die Bundesbank 1957 für eine kleine Diskonterhöhung heftig gescholten! Das war politisch umstritten, und es hat sich erst im Laufe der Zeit die Unterstützung für dieses Arrangement ergeben, das wir ganz nebenbei gesagt den Alliierten verdanken. Die Alliierten haben 1948 für die Bank Deutscher Länder sozusagen den Deutschen die Unabhängigkeit oktroyiert, wenn Sie so wollen, allerdings zu unserem Vorteil. 1957 hat der Deutsche Bundestag dieses Arrangement in einem deutschen Gesetz bestätigt. Die Weltgeschichte geht manchmal nicht immer den geradesten Weg, aber wenn sie zu guten Ergebnissen führt, dann sind auch die Umwege produktiv.

4-321

<u>Berès (PSE).</u> - Je pense que j'ai dû mal m'exprimer, parce que le professeur Issing m'a répondu sur l'indépendance de la Banque centrale, sujet sur lequel je n'avais aucune contestation. En revanche, sur la question de savoir comment cette indépendance s'articule dans un dialogue

avec le Parlement européen, voilà le sens profond de la question que je vous posais.

Mais permettez-moi d'en rajouter une, en espérant que vous puissiez répondre aux deux: dans vos réponses aux questions écrites, s'agissant de l'articulation entre les politiques monétaires et les politiques budgétaires, vous semblez avoir une conception de la coordination des politiques économiques qui hiérarchise énormément les responsabilités. On a parfois l'impression que la politique monétaire serait définie en alpha et omega, et que les politiques nationales n'auraient qu'à s'adapter en second rang, en tenant compte des objectifs, définis indépendamment de tout dialogue, par la politique monétaire. Est-ce bien votre conception? En vous remerciant de répondre à la première question, s'agissant des relations avec le Parlement européen.

4-322

Issing. - Selbstverständlich! Das Verhältnis der Notenbank zum Europäischen Parlament beginnt spätestens an diesem Tag und morgen, und ich bin fest davon überzeugt, daß ein solcher Dialog ein nützliches Element ist, um die gegenseitigen Positionen auszutauschen, um daraus zu lernen. Es gibt der Europäischen Zentralbank auch die Chance, ihre Politik zu erklären und soweit nötig zu rechtfertigen. Ich bin der Meinung, daß die Unabhängigkeit, die man der Europäischen Zentralbank mit dem Maastricht-Vertrag gegeben hat, sich darauf richtet, daß die Entscheidungen getroffen werden, damit die Europäische Zentralbank die ihr gestellten Aufgaben erfüllen kann, mit der Priorität zugunsten der Preisstabilität.

Ich denke, niemand kann beabsichtigen, daß die Handlungsfähigkeit der Europäischen Zentralbank eingeschränkt wird, was die Erreichung dieser vom Gesetzgeber vorgegebenen Ziele betrifft. Das ist für mich der springende Punkt. Über alles andere wird sich der Dialog entwickeln, das ist ganz selbstverständlich, und wir sind noch nicht einmal am Anfang. Wir stehen hier am Beginn eines Lernprozesses, von dem niemand im einzelnen weiß, zu welchen flexiblen Antworten auf ein wichtiges Problem er führt.

Zur Koordinierung der Wirtschaftspolitik will ich persönlich ganz deutlich sagen: Ich habe kein Problem damit, daß sich die Mitgliedstaaten der Währungsunion auf eine gemeinsame Wirtschaftspolitik verständigen - je schneller, desto besser, je vollkommener, desto leichter für die Europäischen Zentralbank. Das ist nicht das Problem, sondern das Problem liegt darin, daß die Wirtschaftspolitik in den einzelnen Ländern es nicht so einfach hat, sich auf diese europäische Dimension zuzubewegen. Für die Europäische Zentralbank ist ein europäisches Ziel für die Währungsunion vorgegeben. Die Inflationsrate, wie hoch sie immer sein wird, die das Ziel bedeutet, das ist ein europäisches, ein gemeinschaftliches Ziel. Das hat kein nationales Element. Hier ist vom Gesetzgeber, vom Souverän ein klares Ziel vorgegeben, ein europäisches Ziel, und insofern ist das für mich keine Frage der Unterordnung, sondern es ist für mich die Frage, inwieweit die übrigen Bereiche der Politik - die Wirtschaftspolitik, die Finanzpolitik, die Arbeitsmarktparteien mit ihrer Politik - sich in dieses institutionelle Arrangement einfügen, und zwar so einfügen, daß am Schluß gute Ergebnisse herauskommen, und zwar nicht nur bei der Preisstabilität, sondern vor allem auch bei der Beschäftigung.

4-324

Mather (PPE). - Professor Issing, the Parliament attaches great importance to transparency and yet we have heard today a number of arguments against the publication of the Minutes of the Board and especially against the voting list of the board members. I do not find those arguments very persuasive because when they say this exerts pressure on board embers, the whole structure of their appointment, being non-renewable, is designed to avoid pressure. Secondly, speculation is sometimes mentioned but you yourself said speculation was not going to be a problem. The third argument is that national differences may be accentuated. Well, we have certainly seen some of those but I am not sure whether that is enough ground to found non-transparency. Can you help us by suggesting any way in which this material can enter the public domain?

Issing. - I am not sure whether I can do that in half an hour. I wonder if I can achieve that in the one minute which is given to me by our chairman. As to pressure, it is true contracts are not renewable but on the other hand imagine people being criticized everywhere they go, all the time. It is a difficult situation. These are human beings with all their weaknesses so I believe they need some protection.

Cox (ELDR). - Try getting elected!

(Laughter)

Issing. - I am not elected, but appointed. I do not envy you your role. As to speculation, I referred only to the next seven months and as I said this arrangement is proof against speculative attack as it extends to the exchange rate arrangement, to the convergence rate with which Member countries start into the Union. I did not refer to the situation of the euro in international financial markets, I think this will be and remain a strong argument. We should avoid national differences emerging and transparency in voting and so on is what we call in German »*ein Einfallstor*« for different national priorities.

4-328

La Malfa (ELDR). - Professor Issing, ho apprezzato molto l'ampiezza di orizzonte politico del suo intervento introduttivo e, approfittando del suo *background* di studioso, vorrei farle due domande ben precise.

La prima è questa: qual è il meccanismo, che lei vede, che collega la quantità di moneta a livello dei prezzi e, più precisamente, come un'inflazione più alta o più bassa diventa disoccupazione più alta o più bassa, attraverso cioè quali passaggi?

La seconda domanda: supponiamo che si potesse argomentare, in modo teorico ed empirico, che la rigidità del mercato del lavoro europeo a) non è aumentata dagli anni '70 ad oggi, in misura notevole, b) non è la causa principale della disoccupazione. Lei ha citato un Premio Nobel, io le cito Robert Solov, che in una recente lezione ha sostenuto che le rigidità non sono la causa della disoccupazione. E allora, quali politiche rimangono aperte all'Europa per affrontare il problema della disoccupazione?

4-329

Issing. - Ich habe verschiedenlich schon betont, daß ich keinen mittelfristigen und keinen langfristigen trade-off zwischen Inflation und Arbeitslosigkeit sehe, daß die Geldpolitik ihren besten Beitrag leistet, wenn sie für niedrige, stabile Inflationserwartungen sorgt und damit für niedrige Realzinsen. Das ist der wichtigste Mechanismus, den ich sehe. Daß die Europäer angesichts der erschreckend hohen Arbeitslosigkeit vor einem riesigen Problem stehen, das ist ganz unstrittig. Franco Modigliani mahnt die Notenbanker, sie sollten ein Schild auf ihrem Schreibtisch haben: Denke täglich an die Arbeitslosigkeit! Ich habe vor kurzem mit ihm diskutiert. Ich habe gesagt, ich denke jeden Tag daran! Wenn man jemanden daran erinnern muß, dann ist er in irgendeiner offiziellen

Funktion in irgendeinem Land in Europa fehl am Platze. Darüber kann man nicht verschiedener Meinung sein. Worüber man diskutieren muß, ist die Frage, welches die richtigen Mittel sind, um die Arbeitslosigkeit abzubauen. Wenn ich an den Vergleich erinnere, der vorhin zwischen Deutschland und den Niederlanden angestellt wurde, dann gibt das wohl die richtige Richtung für eine europäische Lösung vor.

Zur Geldmenge, Herr Abgeordneter: Erlauben Sie mir, daß ich Sie korrigiere. Die Geldmenge ist in Deutschland, sie ist überall seit den 70er Jahren gewaltig gestiegen. Sie ist nirgendwo konstant geblieben. Die Bundesbank hat ihr Geldmengenziel in den letzten 20-25 Jahren in rund der Hälfte der Fälle verfehlt, und nur einmal hat die Geldmengenentwicklung das Ziel unterschritten. Nur einmal! In allen anderen Fällen, in denen wir das Ziel verfehlt haben, hat die Geldmenge das Ziel *über*schritten. Daran sehen sie also, von Starrheit der Geldmengenversorgung kann nicht die Rede sein. Das Problem war, das Geldmengenwachstum in Grenzen zu halten. Das ist und das war die Realität.

4-330

Friedrich (PPE). - Herr Professor Issing, ich verzichte auf alles, was ich mir vorgenommen habe, und stelle nur eine Frage. Ab wann würden Sie eine Deflation definieren, und wie groß sehen Sie die Chancen, die Deflation sehr schnell zu bekämpfen?

von Wogau. - Das ist einer Ihrer früheren Studenten!

4-331

Issing. - Das ist wahr. Damals habe ich ihn geprüft, heute kommt die Rache!

(Heiterkeit)

Aber wenn ich das noch fortsetzen darf: Er hat erfolgreich bestanden. Ich hoffe, das gilt dann für mich auch!

(Heiterkeit)

Das Thema Deflation spielt zur Zeit eine große Rolle. Ich würde dazu gerne mehr sagen, als ich es aus zeitlichen Gründen kann. Es ist ein wichtiges Problem, vor allem deswegen, weil wir auf den Güter- und Faktormärkten eine ganz unterschiedliche Entwicklung haben im Vergleich zu den Vermögensmärkten. Das Thema *asset price inflation* und *deflation* ist das dominierende Thema. Wir sind im Bereich der Güterpreise, der Lohnentwicklung dort angelangt, wo man mit Fug und Recht von Preisstabilität sprechen kann. Wir haben in der Bundesbank gerade eine Studie veröffentlicht, die sich mit dem Meßproblem der Inflation beschäftigt, denn es ist ja in der Tat eine schwierige Frage, wenn man in die Nähe von 1% kommt oder gar darunter. Dann spielen Meßfehler, die man macht, die ganz unvermeidlich sind, natürlich eine größere Rolle, als wenn man sich in Bereichen von 10% Inflation befindet. Nach dieser ganz aktuellen Studie übertreibt der Preisindex der Lebenshaltung. Die Übertreibung geht nach der einen Seite, nämlich nach oben, der Meßfehler liegt etwa bei einem dreiviertel Prozentpunkt. D.h., auch so gesehen sind wir mit Fug und Recht in der Nähe der Preisstabilität. Wir sind noch nicht bei der Deflation. Ich meine, daß Notenbanken die Gefahr einer Deflation ernst nehmen müssen. Das war ja vor zehn bis zwanzig Jahren kein Thema. Da war nur die Frage, wie kriegen wir die Inflationsraten herunter oder halten sie wenigstens unter Kontrolle. Das ist keine aktuelle Gefahr, aber eine potentielle, die man im Auge behalten muß. Ich meine, daß die Notenbanken anders als 1929 diese Fehler nicht begehen werden. Es ist nicht ausgeschlossen, daß Notenbanken neue Fehler machen wie alle Institutionen. Aber die Fehler von damals, denke ich, wird man nicht wiederholen. Insofern bin ich nicht in Sorge, daß die Gefahr einer wirklichen Deflation nicht erkannt und nicht rechtzeitig bekämpft würde.

4-332

Katiforis (PSE). - Regarding your friendly joke about your Alan Blinder. Given that economics is not physics, perhaps from a different perspective he thinks that you are a lost case and he may well be right with four and a half million unemployed in Germany.

In your opinion, for a central banker as opposed to an academic, is the personal characteristic known as intellectual arrogance an asset or a liability? Then a technical question, where do you put the non-accelerating rate of inflation and unemployment?

4-333

Issing. - Das mit Alan Blinder und dem lost case war natürlich freundschaftlich-ironisch gemeint. Wir beide, alle, die an der Diskussion beteiligt sind, sollten sich nicht für unfehlbar halten. Wir versuchen voneinander zu lernen, wir tauschen Argumente aus, wir messen das eigene Argument am Argument des anderen. Wir lernen ja alle dazu. Ich war auch einmal der Meinung - damals war es unschädlich, weil ich nur Professor war und kein Unheil anrichten konnte, vielleicht in den Köpfen, aber nicht in Entscheidungen -, daß der Vorschlag Milton Friedmans, die Geldmenge ein für allemal jedes Jahr um einen bestimmten Prozentsatz steigen zu lassen, die berühmte Prozent-Regel einzuhalten, daß das die Lösung für die Probleme der Geldpolitik sei. Ich bin davon abgekommen. Ich habe mich durch die Fakten überzeugen lassen, daß Finanzinnovationen den Inhalt von Geldmengenaggregaten ökonomisch verändern. Das muß man bedenken, das konnte man damals nicht vorhersehen. Man muß die Fakten zur Kenntnis nehmen. Ökonomie ist ja keine Glaubensfrage, sondern eine Wissenschaft, die sich immer wieder an der Realität und den Ergebnissen messen lassen muß. Hier sind wir nicht am Ende der Diskussion, weder Alan Blinder noch ich oder viele andere, es sind ja nur zwei Namen, die hier zufälligerweise herausgegriffen wurden, und für intellektuelle Arroganz ist kein Platz in einer Notenbank.

Man kann in der Wissenschaft extreme Meinungen vertreten. Man kann für Positionen fechten, und ich habe schon oft erlebt, daß es dann am Ende von Diskussionen heißt *further research is needed and next time we present another paper*. Das ist in der Geldpolitik nicht möglich. Dort muß man verantworten, wofür man sich entscheidet, und man muß wissen - Sie haben zu Recht die Physik erwähnt -, daß es keine endgültigen Antworten gibt, daß wir uns herantasten an die richtigen Lösungen. Man muß die Verantwortung für das übernehmen, was dann am Ende entschieden wird. Hier besteht eben eine Kluft, die mal größer, mal kleiner ist, zwischen dem, was wir zuverlässig wissen, und dem, was die Wirklichkeit unserem Handeln abverlangt, denn wir können ja bei der einzelnen Frage nicht warten, bis das Problem von den Wissenschaftlern endgültig gelöst ist. Dazu läßt uns die Realität keine Zeit. Das ist das generelle Problem zwischen der Wissenschaft und der Entscheidung, etwa im Bereich der Notenbank.

Bei der Inflationsrate meine ich, daß das Europäische Währungsinstitut mit einer vorläufigen Meinung eines Spielraumes zwischen 0 und 2% eine vernünftige Marke gesetzt hat. Hier muß man sich über die Meßprobleme in Europa auch noch unterhalten. Für andere Länder liegen bisher keine ähnlichen Studien vor. Das muß man sorgfältig bedenken. Ich denke, das ist eine erste Marke. Bei der Arbeitslosigkeit oder der Beschäftigung haben wir uns Zielmarken abgewöhnt. Beveridge hat einmal gesagt, 3% ist das Vollbeschäftigungsziel. Ich meine - von solchen

Zielen träumen wir heute nur noch -, daß wir uns alle vornehmen müssen, diese erschreckend hohe Arbeitslosigkeit zu reduzieren, die sich fast überall in Europa in zweistelligen Bereichen bewegt. Das ist das Ziel. Ob dann numerische Zielvorgaben hier politisch weiterhelfen, wage ich zu bezweifeln.

4-334

Torres Marques (PSE). - O Senhor Professor é o único membro indigitado, como já foi aqui dito, por oito anos, e eu reparei que o Senhor Professor, que tem praticamente a mesma idade do presidente Duisenberg, está disposto a cumprir o seu mandato até ao fim, o que significa que vai ser a pessoa que vai ter relações com o Parlamento Europeu durante mais tempo. E, por isso, para mim era muito importante saber qual era a sua resposta à última pergunta que fazemos no questionário, ou seja, qual é a importância política que atribui ao nosso voto. E a resposta que aqui vejo não é nenhuma. O Senhor Professor foge à pergunta. E eu gostava de lhe fazer a pergunta directamente: é, para si, importante ou não o voto político do Parlamento Europeu, uma vez que vamos trabalhar juntos durante oito anos, assim o esperamos?

Outra pergunta que lhe queria fazer é a seguinte: penso que ser membro do Bundesbank ou ser membro do Banco Central Europeu será bastante diferente - embora sejam dois bancos independentes - , uma vez que na Alemanha há um governo e um orçamento federal, e aqui não há nem um governo, nem um orçamento federal. Qual é a diferença de comportamento que o Senhor Professor vai ter ao sair do Bundesbank para passar a ser membro do Banco Central Europeu?

4-335

<u>Issing.</u> - Zu Ihrer ersten Frage: Als ich mitten in der Nacht gehört habe, daß ich benannt würde und das auch noch für acht Jahre, war ich davon überrascht. Bei der Überraschung spielt sicher auch mein fortgeschrittenes Alter, auf das Sie angesprochen haben, eine Rolle. Aus heutiger Sicht habe ich nicht vor, mich aus dieser Position früher zu verabschieden. Ich hoffe, daß ich die Kraft habe, das durchzuhalten, daß Sie mir dabei helfen, daß ich mich nicht in Auseinandersetzungen mit dem Europäischen Parlament zerreibe, sondern daß wir uns dabei an guten Ergebnissen orientieren, die dabei herauskommen. Wenn Sie wünschen, daß wir acht Jahre zusammenarbeiten, dann liegt es an Ihnen, diesen Wunsch zu erfüllen. Das liegt ja nicht in meiner Hand.

Im Verhältnis Bundesbank und Europäische Zentralbank haben Sie völlig recht. Das sind zwei verschiedene Dinge. Nach meiner Vorstellung ist die Europäische Zentralbank kein Klon der Bundesbank. Im Gesetz sieht das in vieler Hinsicht so aus. Unabhängigkeit, Preisstabilität, ein Zentralbankrat - und doch sind es teilweise ganz unterschiedliche Dinge. Der Europäische Zentralbankrat ist zusammengesetzt aus Präsidenten, die aus Staaten mit unterschiedlichen Steuersystemen, Sozialsystemen und Arbeitsmarktbedingen kommen, d.h. das ist nicht unmittelbar vergleichbar. Die Aufgabe ist eine andere. Nicht zuletzt habe ich in meiner Tätigkeit in der Bundesbank auf den Schultern der Vergangenheit geruht, von der Reputation gelebt, die diese Institution in der Vergangenheit aufgebaut hat. Hier geht es um eine neue Institution, die das Vertrauen der Bevölkerung erst gewinnen muß. Den Vertrauensvorschuß der Märkte hat sie schon. Das sieht man an den langfristigen Zinsen. Aber diesen Vertrauensvorschuß muß sie sich dann durch ihre Politik verdienen. Sie muß das durch Transparenz tun, durch kluge Entscheidungen. Daß das eine schwierige Phase ist, dessen müssen sich alle bewußt sein.

4-336

Randzio-Plath (PSE). - Ich möchte in meiner Eigenschaft als Berichterstatterin fragen. Deswegen habe ich auch nur noch Nachfragen, gerade was die Vertrauenswürdigkeit bei der Bevölkerung betrifft. Herr Professor Issing, sehen Sie da eine Notwendigkeit, trotz der niedrigen Inflationsraten, trotz der erreichten Preisstabilität und angesichts des für die Bekämpfung der Arbeitslosigkeit zu niedrigen Wachstums gleich zu beginnen mit einer möglichst rigiden Geldpolitik? Sehen Sie nicht in dieser Situation, in der die EZB ihre Arbeit aufnehmen kann, auch eine Chance, das Unterschreiten eines Inflationszieles von 2% zu nutzen, um tatsächlich auch eine wenig rigide Geldpolitik und Zinspolitik der Zinssenkung zu betreiben? Zur demokratischen Rechenschaftspflichtigkeit, Herr Professor Issing: Ein Dialog hat zwei Seiten. Wir haben als Europäisches Parlament unsere Positionen formuliert. Wir wollen einen regelmäßigen Dialog, und wir hoffen, daß ein europäischer Zentralbanker von Ihrer Statur keine Angst hat vor einem Parlament und einer parlamentarischen Rechenschaftspflichtigkeit, auch wenn dieses im deutschen Bundestag nicht geübt werden konnte.

4-337

Issing. - Um mit dem letzten zu beginnen: Ich habe ein bißchen vorgeübt in Ausschüssen des Bundestages, im Finanzausschuß. Aber ich ziehe das zurück. Die Vergleichbarkeit mit dem, was hier zu tun ist, ist nur bedingt, denn sie bezog sich nie auf die Geldpolitik, sondern auf damit verwandte Fragen. In Zukunft geht es um die Geldpolitik. Persönlich neige ich nicht zu Ängstlichkeit. Es geht hier um den richtigen Umgang zweier Institutionen mit unterschiedlichen Aufgaben, und ich denke, daß dieser Umgang sich ganz schnell normalisiert. Da bin ich ganz sicher. Daß es in der Zukunft heftige Diskussionen um die Situation, das Urteil, die Entscheidungen geben wird, das ist gar keine Frage. Meine Erfahrung ist die, daß es immer gut ist, wenn man seine Entscheidungen vor kritischen Stimmen rechtfertigen muß. Das macht einen nachdenklich. Es kann auch dazu führen, daß es einen noch sicherer macht, daß man richtig gehandelt hat. Das hängt von den Argumenten ab. Ich habe auch erlebt, daß ich in Diskussionen den Eindruck hinterlassen habe, dieser orthodoxe Monetarist aus der Bundesbank zeigt überhaupt keine Erkenntnis und keine Bereitschaft, auf etwas einzugehen. Ich bin nach Frankfurt zurückgefahren, habe meine Mitarbeiter zusammengerufen, und wir haben darüber diskutiert und eine Studie angefertigt, um zu sehen, ist da nicht doch etwas dran?

Das wird auch zum Dialog, zum gegenseitigen Verstehen hier gehören. Daß man neue Ideen bekommt, daß man aber auch nicht gleich sagt, ja, ja, das ist ja toll, sie haben ja recht, sondern viele Dinge müssen dann auch noch erst einmal erforscht werden. Das ist ein Lernprozeß. Ich finde, daraus kann man nur lernen. Auf Dauer wird man geldpolitische Entscheidungen in dieser Form nur durchhalten, wenn sie überzeugend sind, wenn sie in der Öffentlichkeit überzeugen, und dazu gehört nicht zuletzt und an erster Stelle die in Europa. Was ist denn sonst europäische Öffentlichkeit? Das ist ja eine ganz große Schwierigkeit der Europäischen Zentralbank. Die Bundesbank, wenn ich dieses Beispiel einmal erwähnen darf, wendet sich mit ihren Monatsberichten an die deutsche Öffentlichkeit, in breitester Form an Journalisten, an Zeitungen. Das ist die deutsche Öffentlichkeit. Die Europäische Zentralbank wird vor einem riesigen Problem stehen, nämlich der europäischen Öffentlichkeit zu vermitteln, was die Gründe für ihre Entscheidungen sind. Insofern sehe ich hier keine Konfrontation, sondern auch im Zusammenwirken mit den Abgeordneten aus den einzelnen Ländern. Sie werden ja auch zu Entscheidungen der Europäischen Zentralbank gefragt werden.

Wenn wir hier in Diskussionen zu einem gemeinsamen Urteil kommen, dann hilft das der Europäischen Zentralbank. Wenn es unterschiedlich ist, müssen wir auch damit leben. Aber das sind die Auseinandersetzungen, die ganz normal sind, denn die Europäische Zentralbank in all ihrer Unabhängigkeit lebt ja nicht im Elfenbeinturm, sondern sie ist Bestandteil in einer bestimmten, ganz besonderen Funktion des politischen Prozesses. In dem Rahmen sehe ich auch das, was sie demokratische Rechenschaftspflicht nennen.

Preisstabilität und Wachstum: Ich habe mich in Vorträgen strikt gegen die Vorstellung gewandt, die hier und da und zunehmend zu hören ist, daß die Europäische Zentralbank mit besonders restriktiven Maßnahmen beginnen sollte, um die Märkte davon zu überzeugen, daß hier nun wirklich *hardliner* am Werk sind und das eine stabile Währung ist. Ich kann davor nur warnen! Das würde ganz schnell zu Konflikten führen und - davon bin ich überzeugt - auch zu Spannungen im Zentralbankrat. Das kann nicht der Weg sein. Die Europäische Zentralbank sollte das Selbstbewußtsein haben, von Anfang an so zu handeln, daß sie einen Mißtrauensbonus gar nicht erwartet. Sie sollte dieses Vertrauen der Öffentlichkeit auch mitteilen. Ich bin überzeugt, daß ihr das gelingen wird. Also, von dieser Kompensation eines Mißtrauens am Anfang durch höhere Zinsen halte ich gar nichts, insbesondere nicht im Umfeld der hohen Arbeitslosigkeit in Europa! Ich meine allerdings auch nicht, daß das Inflationsziel, wenn wir denn eines hätten, schon unterschritten wäre. Wir wären ja bei 0-2%, sozusagen so mitten drin, 1,2%. Aber ob die Europäische Zentralbank ein Inflationsziel hat, ein Geldmengenziel mit Inflationsprognosen, -komponenten usw., das steht ja gar nicht fest. Was fest steht, ist das, was der Vertrag sagt, nämlich Priorität für das Ziel der Preisstabilität.

4-338

Der Präsident. - Verehrte Kolleginnen und Kollegen! Leider ist jetzt unsere Zeit abgelaufen, und wir kommen zum Ende der Anhörung. Ich danke Ihnen, Herr Professor Issing, für die Antworten, die Sie uns gegeben haben!

(Beifall)

(Die Sitzung wird um 19.07 Uhr geschlossen.)

Diese Fragen und Antworten belegen die großen Erwartungen an die neue Notenbank, andererseits aber auch die Schwierigkeiten einer stabilitätsorientierten einheitlichen Geldpolitik für einen alles andere als homogenen Währungsraum. Eine Reihe von Abgeordneten ist mit einer sehr kritischen Einstellung in meine Anhörung gegangen. Dies galt wohl weniger meiner Person, sondern der von mir vertretenen Auffassung einer strikt stabilitätsorientierten Geldpolitik. Die EZB sollte auf keinen Fall dem geradezu verhassten Beispiel der Bundesbank folgen. Wie ich wenig später von einem Mitglied des Ausschusses erfuhr, hatten sich die Parlamentarier aus dem eher linken Lager abgesprochen, ein negatives Urteil über meine Kandidatur zu fällen. Die an mich gerichteten Fragen – nicht zuletzt im Vergleich zu denen, die an meine Kollegen gestellt wurden – spiegeln diese Skepsis wider. Von demselben Abgeordneten erfuhr ich dann auch, dass der »Anführer« dieser Gruppe gegen Ende der Anhörung nach dem offensichtlich gescheiterten Versuch, mich zu demontieren, sichtbar den Daumen nach oben gerichtet und damit den Widerstand eingestellt hat. Dazu hat sicher auch der öffentliche Charakter der Anhörung mit der Anwesenheit zahlreicher Journalisten und die Sorge vor einer kritischen Berichterstattung beigetragen. Das **Abstimmungsergebnis mit 53 Ja-Stimmen und 3 Enthaltungen** fiel dann auch entsprechend positiv für mich aus.

Abschied von der Bundesbank

Zum Abschied von der Bundesbank schenkte mir Ende Mai der Zentralbankrat – begleitet von einer sehr persönlichen Rede von Präsident Tietmeyer – ein schönes Gemälde. Nachdem ich den Bundespräsidenten um Entlassung aus meinem Vertrag gebeten hatte, überreichte mir Tietmeyer die Entlassungsurkunde und dazu zwei Schreiben. In dem ersten stand, ich sei nach 40 Jahren im öffentlichen Dienst – die Studienzeit wurde irgendwie angerechnet – voll pensionsberechtigt. Das zweite erklärte, da ich in eine öffentliche Institution wechsle, hätte ich für die Dauer dieses Dienstverhältnisses keinen Anspruch auf eine Pension. (Später wurde diese Regelung leicht geändert, sodass ich einen vergleichsweise niedrigen fixen Betrag erhielt.) Meine ausländischen Kollegen waren ebenso wie ich über dieses ungewöhnliche Verfahren sehr verwundert, schließlich hatte ich mir die Pension durch meine Tätigkeit im öffentlichen Dienst redlich verdient. Die Regelung war umso unverständlicher, als ich die volle Pension erhalten hätte, wenn ich auf einen weitaus höher bezahlten Posten etwa in einer privaten Bank gewechselt wäre.

Um allen etwaigen künftigen Vorwürfen vorzubeugen, haben wir uns im Direktorium darauf verständigt, kein Honorar für Vorträge etc. anzunehmen. Ich habe diesen Beschluss voll und ganz unterstützt, auch wenn er die Kollegen und mich viel Geld gekostet hat. Am Ende waren wir ja nicht schlecht gestellt, auch wenn unsere Bezüge deutlich hinter dem Niveau des privaten Sektors zurückblieben. Das Einkommen aber war nie ein Gegenstand von Erörterungen.

Zu meiner Ernennung erhielt ich erwartungsgemäß eine Fülle von Glückwünschen, meist verbunden mit dem Hinweis auf die ebenso wichtige wie schwierige Aufgabe. Aus dem Rahmen fiel der Brief vom Nobelpreisträger Milton Friedman, mit dem ich schon seit längerer Zeit in freundschaftlichem Kontakt stand. Der Brief (in Übersetzung) lautete: Lieber Otmar, herzlichen Glückwunsch zu einem unmöglichen Job. Wie Du weißt, bin ich überzeugt – der Euro wird scheitern. Wegen Deiner Mitwirkung wird sich das aber länger hinziehen.

Die Inauguration der EZB wurde dann am **9. Juni 1998 in der Alten Oper Frankfurt** in einem großen Festakt gefeiert. England hatte zu diesem Zeitpunkt die Präsidentschaft in der EU inne, spielte aber nur eine Nebenrolle, da das Land nicht Mitglied in der Währungsunion werden wollte. Alle EU-Staaten waren durch die jeweiligen Ministerpräsidenten vertreten.

Erste Begegnungen in der EZB

Die neben Duisenberg und mir anderen gerade ernannten Mitglieder im Direktorium waren aus Frankreich Christian Noyer als Vizepräsident (4 Jahre), aus Finnland Sirkka Hämäläinen (5 Jahre), aus Spanien Eugenio Domingo Solans (6 Jahre) und aus Italien Tommaso Padoa-Schioppa (7 Jahre). Wir trafen uns zum ersten Mal als Gruppe Ende Mai im Eurotower in Frankfurt, dem Sitz der EZB. Das Gebäude war teils noch im Umbau, unsere Büros glichen einer Baustelle. Präsident und Vizepräsident hatten ihre Büros im 35. Stock, für die anderen war das 34. Stockwerk vorgesehen. Dort gingen wir zusammen durch den Flur und kamen in einen Raum, der mir sofort gefiel, hell und nach allen Seiten mit prächtigem Ausblick. Ich hielt mich natürlich zurück, bis Duisenberg sagte: Ich mische mich nicht ein, aber Otmar bekommt ein Büro, von dem aus er die Bundesbank nicht sehen kann, eine Bedingung, die der Raum voll erfüllte. Alle lachten. Das gab mir die Gelegenheit zu bemerken: Die Methode kann ich nicht billigen, aber mit dem Ergebnis bin ich einverstanden. So bekam ich ein Büro, in dem ich acht Jahre harte Arbeit vor mir hatte. In der ganzen Zeit habe ich die Aussicht genossen. Der Blick auf den Main, der Fluss, an dem ich geboren wurde, erinnerte mich immer wieder an meinen Lebensweg, von Franken nach Europa. Faszinierend war der Wechsel des Lichts mit den Jahreszeiten, Sonnenuntergänge wie in einem Western, kurzum, soweit es um das Ambiente ging, hätte es für mich nicht besser kommen können.

Nach den Erfahrungen bei meinem Ausscheiden aus der Bundesbank habe ich bei einer Direktoriumssitzung einmal beiläufig gefragt: Sind wir denn überhaupt schon ernannt? Niemand konnte zunächst diese Frage beantworten, bis man im Sekretariat schließlich ein Fax aus Brüssel entdeckte, in dem die Ernennung ausgesprochen worden war. Auch das Alter spielte keine Rolle, in Deutschland hätte ich mit 62 keinen Vertrag über acht Jahre erhalten können.

Alles auf Anfang

Man kann sich das kaum vorstellen. Mit der Gründung war die EZB die zweitwichtigste Notenbank der Welt, aber gleichzeitig auch die jüngste und gemessen an der Mitarbeiterzahl zudem weitaus kleinste. Mit anderen Worten, es fehlte zunächst an allem. In etablierten Institutionen geht es am Montag dort weiter, wo die Arbeit am Freitag geendet hat. Für uns gab es keinen Freitag, **es war immer Montag**. Im Rückblick scheint es mir immer noch kaum fassbar, dass alles in allem der Aufbau ohne größere Pannen verlief. Die Tagesordnung für Sitzungen des Direktoriums war mit allen nur denkbaren Entscheidungen überfüllt. Nur dank einer hervorragenden Zusammenarbeit konnten wir das Pensum bewältigen. Mit endlos langen Tagen im Büro hatte ich ohnehin gerechnet.

Die wichtigste Aufgabe lag zunächst darin, gute Mitarbeiter zu finden. Es war völlig klar, dass wir die Zahl der Ökonomen erheblich erhöhen mussten. Als mir meine Generaldirektoren ihre Budgetvorschläge vorlegten, habe ich erkennen müssen, dass sie die auf uns wartenden Herausforderungen völlig unterschätzt hatten. Auf meine Anweisung hin erhöhten sie die Zahl der beantragten Stellen auf das Doppelte. Wenige Tage später kam Duisenberg mit den Anträgen zu mir und fragte mich aufgebracht: Otmar, hast Du das gesehen? Ich verwies ihn darauf, dass ich den Stellenantrag selbst angeordnet hatte. Aus einer vergleichsweise kleinen Notenbank kommend, hatte er ebenfalls keine richtige Vorstellung von der Dimension der Herausforderung, vor der wir standen. Allein schon die Analyse der Wirtschaftsentwicklung in diesem großen Wirtschaftsraum mit elf, teils sehr heterogenen Volkswirtschaften, verlangte nach einer großen Zahl von guten Ökonomen. Die zukünftigen Anforderungen durch die anstehenden Publikationen, der Austausch mit dem Europäischen Parlament und den Regierungen, die zahlreichen Reden etc. waren ihm nicht wirklich bewusst. Er hatte auch berechtige Bedenken, ob wir in so kurzer Zeit genügend geeignete Bewerber finden würden. Ich konnte ihn überzeugen, dass wir aus einem europaweiten Pool, der nicht nur die Mitglieder der Währungsunion, sondern alle EU-Länder umfasste, eine schier unbegrenzte Zahl von hervorragenden Mitarbeitern rekrutieren können. Ich sicherte ihm zu, wir würden unter keinen Umständen Abstriche an der Qualität der Bewerber machen und eher Vakanzen offen lassen als unter Zeitnot weniger Qualifizierte einzustellen.

Mit den Ressorts Wirtschaft und Forschung hatte ich eine Schlüsselstelle inne. Neben der Zuständigkeit für die künftige Geldpolitik der EZB waren damit weitere Aufgaben verbunden, bei deren Übernahme durch mich sich bald erste Spannungen abzeichneten und bei denen ich auf die uneingeschränkte Unterstützung durch den Präsidenten zählen konnte. Bei einem der täglichen Kontakte suchte ich Duisenberg auf und fragte ihn, ob er sich schon Gedanken über unsere Publikationen gemacht hatte. Er verneinte und fuhr mit der Bemerkung fort, so wie ich Dich kenne, hast Du das schon längst getan. Als ich ihm dann vorschlug, wir sollten einen Monatsbericht veröffentlichen, hörte ich zum ersten Mal: Nur weil die Bundesbank einen solchen publiziert, müssen wir das doch nicht nachmachen. Ich überzeugte ihn von der Notwendigkeit, dass die EZB unbedingt die Themen in der Öffentlichkeit setzen müsse, und das Monat für Monat. Er fragte, wann wir beginnen würden, etwa Mitte des nächsten Jahres? Meine Antwort: Nein, mit dem Beginn des Euro im Januar 1999. Duisenberg: Schaffen wir das? OI: Ich bin nicht sicher, aber wir müssen von Anfang an präsent sein.

Wichtiger Bestandteil des Berichts würde auch der statistische Teil mit den für viele Stellen, von den Regierungen bis zu den Finanzmärkten, wichtigen Daten über den Euroraum, die bisher noch gar nicht existierten. Dies konnte nur in enger Abstimmung mit meinem für die Statistik zuständigen Kollegen Domingo Solans gelingen. Nachdem ich die **Zuständigkeit für den Monatsbericht** erhalten hatte, begann der Countdown. In der Bundesbank hatte ich zwei Jahre Zeit nur für ein neues Layout. Jetzt galt es, nicht nur den Druck, das Äußere zu bestimmen, sondern auch innerhalb weniger Monate den Inhalt und die ganze Konzeption so zu entwerfen, dass von Anfang an Kontinuität für die Folgezeit gesichert war. Für den ganzen Prozess war meine Erfahrung aus der Bundesbank unentbehrlich. Für den Druck war eine europaweite Ausschreibung erforderlich. Das billigste Angebot kam aus Italien und es schien äußerst suspekt. Als wir einen Vertreter zur Kontrolle nach Italien schickten, kam dieser mit der Nachricht zurück, bei dem Anbieter handle es sich um nicht viel mehr als eine Garage, man wolle sich aber nach dem Gewinn der Ausschreibung rasch an den Aufbau machen. Mir war bewusst, dass das Versagen der EZB auch bei rein technischen Dingen unseren Ruf schwer beschädigen würde. Der Auftrag wurde dann an eine Druckerei vergeben, die mit dem Monatsbericht der Bundesbank reichlich Erfahrung hatte. Mir fiel ein Stein vom Herzen, zumal es mir gelang, einen Mitarbeiter der Bundesbank für die EZB zu gewinnen, der mit dem ganzen Prozedere vertraut war. Für das Cover wurde ich auf die Experten in der Österreichischen Notenbank verwiesen. Mit drei Entwürfen ging ich in das Direktorium und forderte eine sofortige Entscheidung.

Neben den eher technischen Bedingungen lag die große Herausforderung darin, den Inhalt einerseits fachlich auf höchstem

Niveau, aber auch in der Sprache verständlich zu gestalten. An exzellent ausgewiesenen Ökonomen fehlte es nicht, aber kaum einer von ihnen hatte Erfahrungen mit dem an zweiter Stelle genannten Anspruch. Im direkten Austausch mit von mir ausgesuchten Experten schafften wir dann das kaum für möglich gehaltene Ziel. Pünktlich im Januar 1999 erschien der Monatsbericht zum ersten Mal und blieb für viele Jahre das **Flaggschiff der Kommunikation der EZB**. Sehr schwierig war es, auch hier das Prinzip durchzusetzen: Wer die Verantwortung trägt, muss auch über die notwendige Kompetenz verfügen. Unbestritten war die prinzipielle Zuständigkeit des Direktoriums für den Monatsbericht. Beim Editorial als aktuellem Teil wollten alle bis zum Schluss mitreden, was aus organisatorischen Gründen nicht realisierbar war. Die Durchsetzung meiner persönlichen Verantwortung stieß zunächst auf großen Widerstand und bestärkte die interne Kritik an meinem zu großen Einfluss – ein Mitglied im Direktorium sprach sogar von Diktatur. Als der erste Monatsbericht dann pünktlich im Januar 1999 erschien, erregte das großes Erstaunen über unsere schnelle Arbeit und die hohe Qualität der Veröffentlichung. Die Kehrseite war für mich die immense Arbeit, die allein mit dem Monatsbericht verbunden war. Neben allen anderen Aufgaben erreichten mich am Wochenende und auch im ohnehin nur kurzen Urlaub umfangreiche Texte per Fax, die meinen Kommentar verlangten.

Der Vorwurf, ich würde allzu sehr auf die Erfahrungen in der Bundesbank zurückgreifen, zeigte sich immer wieder. Eines Tages versuchte ich Duisenberg davon zu überzeugen, wir sollten einmal im Jahr die Sitzung des EZB-Rats in einem anderen Mitgliedsland abhalten. Duisenberg, der keine Sympathie für zusätzliche Reisen verspürte, erwiderte spontan: Nur weil die Bundesbank einen solchen Reisezirkus innerhalb Deutschlands veranstaltet hat – einmal im Jahr tagte der Zentralbankrat auf Einladung einer Landeszentralbank außerhalb Frankfurts –, müssen wir das nicht quer durch Europa praktizieren. Einige Wochen später berichtete mir Wim von Gesprächen mit einigen Präsidenten nationaler Zentralbanken, die ihn alle in seiner ablehnenden Haltung bestärkt hätten. Er war dabei so unvorsichtig, mir auf meine Frage die Namen der Betreffenden zu nennen. Ich bin der Sache nachgegangen und habe diese nach ihrer Meinung gefragt. Die immer gleiche Antwort war: Wim kam auf mich zu mit der Bemerkung, Du bist sicher auch der Meinung, dass das eine schlechte Idee ist. Ich selbst wäre sehr dafür. Kurzum war dies das einhellige Bild. Duisenberg musste letztendlich einsehen, dass die EZB sich auch in den Mitgliedsländern zeigen müsse. Am Ende wurde sogar beschlossen, zweimal im Jahr außerhalb Frankfurts zu tagen.

Meine wichtigste Aufgabe

Am 1. Januar 1999 ging die Kompetenz für die Geldpolitik von den nationalen Notenbanken auf die EZB über. Der Euro löste Währungen mit langer Tradition ab. Da der Druck der Eurobanknoten und die Prägung der Euromünzen erst nach der Entscheidung über die Teilnehmer am Euro beginnen konnte, dauerte es drei Jahre, in denen die nationalen Banknoten und Münzen noch umliefen. Diese waren aber bis dahin in Wirklichkeit nur Repräsentanten des Euro. Überall im Finanzbereich, aber auch in den öffentlichen Finanzen war der Euro mit Beginn der Währungsunion etabliert.

Während zum Beispiel das Bundesbankgesetz in vielen Artikeln ausführlich bestimmte, welche Instrumente der Bundesbank zur Verfügung standen, enthielt der Maastricht-Vertrag nur ganz wenige Bestimmungen. Eindeutig war das **Mandat der EZB: Vorrang für die Preisstabilität**. Wir waren somit frei zu bestimmen, auf welchem Weg, mit welchen Instrumenten wir dieses Ziel erreichen wollten. Das oberste Entscheidungsgremium war der EZB-Rat, dem die sechs Mitglieder des Direktoriums mit dem Präsidenten an der Spitze und die elf Präsidenten der teilnehmenden nationalen Zentralbanken angehörten.

Auch ohne konkreten Auftrag lag es auf der Hand, dass ich mit den Zuständigkeiten für Economics an erster Stelle verantwortlich für die Gestaltung der künftigen Geldpolitik war. In ganz ungewöhnlicher Weise gestärkt wurde meine Position durch die uneingeschränkte Unterstützung durch den Präsidenten. Wim sagte schon vor dem tatsächlichen Beginn zu mir: Otmar, ich habe mich in den letzten Jahren kaum mehr mit geldpolitischen Fragen beschäftigt, ich setze mein ganzes Vertrauen in Dich. Dazu muss man wissen: Die niederländische Zentralbank, deren Präsident er für viele Jahre war, folgte in ihren geldpolitischen Entscheidungen quasi automatisch denen der Bundesbank. Wenn wir in Frankfurt die Zinsen verändert hatten, fragten wir uns oft, wird es eine oder eher mehrere Minuten dauern, bis uns die Niederländer – und andere Notenbanken – folgten? Da der holländische Gulden – und andere Währungen – fest an die D-Mark gebunden war, gab es für diese auch gar keine sinnvolle Alternative als derart eng den Entscheidungen der Bundesbank zu folgen. Damit fehlte der Anreiz, sich ernsthaft mit Fragen der Geldpolitik zu befassen, eine Einstellung, die sich in den betreffenden Notenbanken ausgebreitet hatte.

Damit stand ich vor der größten Herausforderung meiner Laufbahn als Notenbanker. Zwar hatte ich mich schon Jahre vorher in wissenschaftlichen Beiträgen mit Fragen der Geldpolitik der künftigen Europäischen Notenbank befasst. Doch jetzt ging es um konkrete Fragen und die damit verbundene Verantwortung. Ich habe wichtige Vertreter der Fed und der Bank of England sowie eine ganze Reihe prominenter Wissenschaftler aus der ganzen Welt zu einschlägigen Diskussionen eingeladen. Das breite Spektrum der Meinungen verstärkte die empirische und theoretische Grundlage für meine Überlegungen zur künftigen Geldpolitik der EZB.

In der EZB habe ich eine Gruppe von zehn meiner besten Experten aus den Bereichen Economics und Research zusammengestellt, mit denen ich in einem ständigen Austausch alle relevanten Fragen diskutiert habe. Als wir mit unserer Arbeit nahe ans Ende gekommen waren, trafen wir uns Mitte September 1998 an einem Dienstag zu einem Meeting, an das ich mich bis heute besonders genau erinnere. Es war bereits spät am Abend, ca. 22 Uhr, als ich in die Runde schon etwas müder Gesichter blickte. Es handelte sich durchweg um junge Ökonomen, was mich zu folgenden Bemerkungen veranlasste: Ich komme mir vor wie in einem Universitätsseminar. Wir suchen im Diskurs nach der Lösung für ein sehr schwieriges Problem. Aber zwei Dinge machen einen fundamentalen Unterschied: Erstens, die Zeit drängt, wir müssen zu einem Ergebnis kommen. Wir können im Dezember schließlich nicht vermelden, wir sind noch nicht fertig, die Einführung des Euro muss verschoben werden. Zweitens, was wir hier entwickeln, hat **Einfluss auf das Leben von 300 Millionen Menschen**. Das ist der gewaltige Unterschied zwischen akademischen Diskussionen sowie Publikationen und unserer Aufgabe. Die Strategie, die wir hier entwickeln, muss von Anfang an funktionieren. Müsste die EZB schon frühzeitig größere Änderungen an ihrem Kurs vornehmen, wäre die Reputation auf Jahre hinaus beschädigt. Ich erinnere mich auch an das Erschrecken in den Augen meiner Mitarbeiter, für die der abrupte Wechsel von der wissenschaftlichen Diskussion zur politischen Verantwortung völlig unerwartet kam.

Im Direktorium fand unsere Arbeit höchste Anerkennung und Zustimmung. Im EZB-Rat waren einige wenige nationale Präsidenten enttäuscht, dass ich nicht in der Tradition der Bundesbank ein Geldmengenziel vorgeschlagen habe. Ein Kollege machte dann später bezüglich der Geldmenge einen überzogenen Vergleich: Während die Kardinäle noch diskutierten, ob es Gott gäbe, hat der Papst erklärt, dieser existiere nicht. Otmar hat trotz meiner Einwendungen ein Geldmengenziel verworfen. Letztendlich bereitete die Annahme der **»Zwei-Säulen-Strategie«** aber keine größeren Schwierigkeiten. (Man versteht darunter eine umfassende monetäre und ökonomische Analyse als Grundlage der geldpolitischen Entscheidungen.) Die EZB hielt an dieser 2003 leicht modifizierten Strategie über viele Jahre fest.

Wie schon erwähnt, verpflichtet das Mandat die EZB, das Ziel der Geldwertstabilität mit Vorrang zu verfolgen. Ich schlug dem Rat vor, wir sollten das Ziel mit **»unter 2 Prozent Preisanstieg im Jahresdurchschnitt«** präzisieren. Es bildeten sich drei Lager heraus, die aus unterschiedlichen Gründen anderer Meinung waren. Das eine wollte kein numerisches Ziel akzeptieren, das uns unnötig gegenüber der Öffentlichkeit verpflichten würde. Das zweite erklärte mich für überambitiös mit dem Argument, selbst die als starke Währung geltende D-Mark habe in den 50 Jahren ihrer Existenz einen jahresdurchschnittlichen Wertverlust von 2,8 Prozent hinnehmen müssen. Das dritte wand schließlich ein, bei einer aktuellen Inflationsrate im Euroraum, die in dieser Zeit deutlich in Richtung 1 Prozent zurückging, könnte diese Zielsetzung quasi als Ankündigung aufgefasst werden, die EZB werde mit Beginn darauf hinwirken, die Inflation auf den Zielwert von unter 2 Prozent zu erhöhen. Nach einer alles andere als einfachen Diskussion folgte letztendlich der Rat meinem Vorschlag.

Die EZB veröffentlichte die gewählte Strategie einschließlich der Definition der Preisstabilität Mitte Oktober 1998, also zweieinhalb Monate vor dem Start. Damit war sie wohl die erste Notenbank der Welt, die bereits vor der Übernahme der geldpolitischen Verantwortung der Öffentlichkeit gegenüber darlegte, wie sie ihrer wichtigsten Aufgabe gerecht werden will. (Schon ein Jahr nach dem Start veröffentlichte ich gemeinsam mit drei Mitarbeitern ein Buch, in dem wir für die Wissenschaft ausführlich die Wahl der Strategie begründeten.) Für mich persönlich war es ein großer Erfolg, meine Vorstellungen von der künftigen Geldpolitik letztlich mit uneingeschränkter Zustimmung der zuständigen Gremien durchgesetzt zu haben. Verbunden war für mich damit das Bewusstsein der persönlichen Verantwortung. Ohne dass ich darüber mit jemandem gesprochen hatte, stand für mich fest zurückzutreten, wenn meine Strategie sich als grobe Fehlentscheidung herausstellen sollte. Die Wahrung des Ansehens der Institution hätte nach meiner Meinung diesen Schritt verlangt.

Ich war davon überzeugt, in einer Situation höchster Unsicherheit die bestmögliche Strategie für diese so junge, unerfahrene Institution entwickelt zu haben. Die erste Bestätigung für diese Auffassung sollte sich sehr bald, nämlich beim Übergang zum Euro zeigen. Dabei stand nicht weniger als ein historisch einmaliger Schritt der Ablösung nationaler Währungen mit großer Tradition durch eine neue Währung bevor. Nirgendwo anders als in Deutschland wurde dieser Schritt als gravierender empfunden, hatten doch Bundesbank und D-Mark das uneingeschränkte Vertrauen der Bürger gewonnen. Wären vor diesem Hintergrund um den Jahreswechsel 1998/99 nicht größere Turbulenzen an den Finanzmärkten zu erwarten gewesen?

In Wirklichkeit hat dieses **in der Währungsgeschichte singuläre Ereignis** weder auf den Finanzmärkten noch in anderen wichtigen gesamtwirtschaftlichen Daten Spuren hinterlassen. Um die Dimension dieses Erfolgs zu beschreiben, habe ich gelegentlich folgendes Bild gebraucht: Ein hervorragender Ökonom kommt vom Mars auf diese Welt und erhält alle nur denkbaren relevanten Daten zu langfristigen Zinsen, Inflationserwartungen etc. Er soll anhand des statistischen Materials herausfinden, ob um die Jahreswende 1998/1999 ungewöhnliche Entwicklungen zu verzeichnen waren. Er würde nichts finden. Welche gravierenden negativen Folgen hatten viele Beobachter aus aller Herren Länder, von der Wissenschaft bis zu bekannten ausländischen Medien, für die Einführung der neuen, für einen so heterogenen Währungsraum gemeinsamen Währung Euro prophezeit! Der Übergang verlief so reibungslos, dass sich bald die Vorstellung verbreitete, das sei gar kein so großes Problem gewesen, das sei eigentlich zu erwarten gewesen. Für jemand wie mich, der nicht nur so viele Gedanken und Arbeit auf das Gelingen verwendet hatte, und dem bewusst war, was alles hätte schief gehen können, war das logischerweise eine ärgerliche Erfahrung, mit der sich aber wegen des offenbaren Erfolgs am Ende doch recht gut leben ließ.

Wir alle, in der EZB und den nationalen Notenbanken, waren uns der kritischen Situation voll bewusst. In einem Notfallszenario hatten wir sogar vorgesehen, die Einführung des Euro zu verschieben nach dem Muster der Brüsseler Praxis »die Uhr anzuhalten«. Dazu mussten die Entscheidungsträger jederzeit erreichbar sein. Wie seit einigen Jahren verbrachten meine Frau und ich die Zeit des Jahreswechsels in einem Hotel in Niederbayern. Das Handy war Tag und Nacht mein ständiger Begleiter, blieb aber stumm. Nach dem traditionellen Feuerwerk an Silvester wollte ich unsere Mäntel auf das Zimmer bringen. Vor dem Aufzug hatte sich eine lange Schlange gebildet, in der ganz spontan eine Debatte um den Euro ausbrach – ausgelöst durch die Bemerkung eines älteren Herrn: Ist Ihnen bewusst, dass gerade unsere geliebte D-Mark das Zeitliche gesegnet hat? Es entspann sich ein heftiger Meinungsaustausch mit klarer Frontbildung. Die Älteren waren mehr als skeptisch zum Euro eingestellt, die Jüngeren waren durchwegs optimistisch. Ich hörte mir das an. Ein Nachbar sprach mich an: Sie scheint das überhaupt nicht zu interessieren?

Vorbereitung des Starts

Mit – zunächst – elf nationalen, sehr selbstbewussten, teils mächtigen Notenbanken und der zunächst der Größe nach sehr bescheidenen Zentrale EZB konnten vor allem am Anfang erhebliche Spannungen nicht ausbleiben. Der Verlust der wichtigsten Funktion, Geldpolitik für die nationale Währung, bedeutete einen Einbruch an Kompetenz und Ansehen, der tiefe Spuren im Bewusstsein der führenden Vertreter hinterließ. Die nationalen Notenbanken rangen mit den Vertretern der EZB oft um auch noch die kleinste Kompetenz. Während die nationalen Notenbanken mit dem Beginn der Währungsunion unvermeidlich mit dem Zwang zum Personalabbau konfrontiert waren, mussten sie gleichzeitig dem kostenträchtigen Aufbau der EZB zustimmen. Anhaltende Auseinandersetzungen waren programmiert.

Das verhieß nichts Gutes für die Geldpolitik. **Der EZB-Rat mit elf Präsidenten der nationalen Notenbanken** mit sehr unterschiedlichen Vorstellungen und Prägungen erweckte Befürchtungen, die Heterogenität des Gremiums könnte die Entscheidungen in der Geldpolitik außerordentlich erschweren. In einem einheitlichen Währungsgebiet kann es nur eine einheitliche Geldpolitik geben. So wenig wie die Bundesbank eine unterschiedliche Geldpolitik für Bayern, Hessen oder Brandenburg gestalten konnte, galt das Gleiche für alle Mitgliedsländer des Euroraums. »One size has to fit all« – der einheitliche geldpolitische Mantel muss für alle passen. Mit der Zwei-Säulen-Strategie wollte ich nicht zuletzt einen Rahmen schaffen, mit dem die vorhersehbaren unterschiedlichen Meinungen hin zu einer gemeinsamen Beschlussfassung kanalisiert werden konnten. Entscheidend für den Erfolg der Geldpolitik gerade zu Beginn würde sein, dass alle Mitglieder des Rats die gemeinsamen Beschlüsse auch nach außen vertreten. Um das Erreichen der Geschlossenheit zu erleichtern, schlug ich vor, die **geldpolitischen Entscheidungen im Konsens** und nicht über Abstimmungen zu treffen. Dieses dann tatsächlich vom Rat – im Konsens – beschlossene Verfahren sollte nach meiner Ansicht soweit wie möglich verhindern, dass aus einer Sitzung »Gewinner« und »Verlierer« herauskämen. Anders als leider immer wieder kolportiert, war damit keineswegs angelegt, mit Entscheidungen so lange zu warten, bis alle Mitglieder mit dem Entscheid einverstanden waren. So konnte der Präsident nach einem offenen Meinungsaustausch die Mehrheitsmeinung als gemeinsamen Beschluss feststellen. Für den Zusammenhalt war entscheidend, dass auch die Mitglieder mit anderer Meinung die Argumente für den Beschluss akzeptierten. Wie sich herausstellen sollte, hat sich das Konsensverfahren als die beste Lösung für die schwierige Entscheidungslage im Rat erwiesen.

Nationalstaatliche Fallen der Kommunikation

Entscheidend für den Erfolg der EZB und ihr Ansehen in der Öffentlichkeit war eine von Anfang an transparente Kommunikation. Diese für jede Notenbank wichtige Herausforderung schien für die EZB angesichts der Heterogenität des Währungsraums, der in vielerlei Hinsicht unterschiedlichen Geschichte und nicht zuletzt der Sprachenvielfalt eine kaum lösbare Aufgabe. Mit der Ankündigung der Strategie im Oktober 1998 war bereits ein großer Erfolg gelungen. Jetzt galt es, ein adäquates

Verfahren für die Information über die getroffenen Entscheidungen zu finden. Eine gute Lösung musste eine ganze Reihe von Bedingungen erfüllen. Sie musste zunächst von allen Mitgliedern des EZB-Rates getragen werden. Sie sollte zeitnah nach der getroffenen Entscheidung erfolgen und die Gründe für die Entscheidung überzeugend und in verständlicher Form erklären. Als ich Duisenberg darlegte, dass nach meiner Auffassung kein Weg an **einer Pressekonferenz unmittelbar nach der Entscheidung** vorbeiführe, hörte ich wieder einmal den Einwand: Nur weil die Bundesbank diese Praxis pflegte, müssen wir doch nicht diesem Beispiel folgen. Das Argument war leicht zu entkräften. Jede Verzögerung bei der Bekanntgabe der Entscheidung birgt die gravierende Gefahr von Leaks in sich. Zu Duisenberg, der sich über Wochen heftig gegen meinen Vorschlag wehrte: Wim, stell Dir vor, wenn Du keine Pressekonferenz abhältst, werden wir in Kürze elf Pressekonferenzen der nationalen Notenbankpräsidenten haben. Das wäre schlichtweg eine Katastrophe und Beweis für eine blamable Dysfunktionalität des Euro. Diesen Argumenten konnte er sich am Ende nicht verschließen, und in einer Mischung aus Ingrimm und Resignation willigte er schließlich ein, verbunden mit der Bemerkung: Aber Du wirst mich nicht begleiten. Er hatte mich also in dem freilich unbegründeten Verdacht, ich suchte – in der Tradition der Bundesbank – mich über die Teilnahme an der Pressekonferenz in den Vordergrund zu spielen. (Wie er mir später einmal sagte, hat er seine Entscheidung schon bald bereut.) Unter dem Zwang der Pressekonferenz hat Duisenberg bis zum Ende seiner Amtszeit geradezu gelitten. Diese sonst so souveräne Person hatte mit dieser Form der Öffentlichkeit ein grundsätzliches Problem.

Ich habe dann im Rat vorgeschlagen: Wir verabschieden nach der geldpolitischen Entscheidung **gemeinsam ein Kommuniqué**, das der Präsident anschließend in der Pressekonferenz verliest und das die Grundlage für die Kommunikation in der Öffentlichkeit bildet. Ein solches Kommuniqué musste natürlich im Kern vorbereitet sein, um dann im Rat diskutiert und verabschiedet zu werden. Für die Führungsrolle in diesem Prozess kam naheliegender Weise nur meine Person in Frage. Es war ein harter Kampf zunächst im Direktorium und dann im Rat, bis das Verfahren im Großen und Ganzen Routine wurde und nur noch in Ausnahmefällen zu heftigen Diskussionen führte.

Dieses Kommuniqué und die getroffenen Entscheidungen wurden unmittelbar nach dem Ende der Sitzung und der anschließenden Pressekonferenz veröffentlicht. Mit dieser zeitnahen Bekanntgabe setzte die EZB neue Maßstäbe in der Kommunikation. So hatte etwa die Fed lange Zeit die Öffentlichkeit im Unklaren über getroffene Entscheidungen gelassen, geschweige denn Erklärungen über deren Hintergründe gegeben. Gleichwohl geriet unsere Kommunikation unter heftige Kritik, vor allem in den angelsächsischen Medien und Teilen der Wissenschaft. Intransparenz, Geheimnistuerei lautete der Vorwurf. Der Grund: Es wurden weder die Verteilung der Voten noch die Namen bei der Abstimmung veröffentlicht. Dafür gab es aber gute Gründe. Zum einen wurden die geldpolitischen Beschlüsse im Konsensverfahren und nicht in namentlicher Abstimmung getroffen. Zum anderen und vor allem trieb uns die große Sorge um, die Bekanntgabe der Namen für oder gegen eine geldpolitische Entscheidung hätte unweigerlich die nationalen Notenbankpräsidenten in ihren jeweiligen Heimatländern unter Druck gesetzt. Sie hätten jedes Mal erklären müssen, warum sie dieser oder jener Entscheidung zugestimmt hatten – oder nicht. Die Stimmabgabe für eine Entscheidung, die nach der Mission der EZB stets im Interesse der Preisstabilität im gesamten Euroraum zu treffen ist, wäre damit unvermeidlich in das gefährliche Fahrwasser der Diskussion über nationale Interessen geraten. Als Folge wäre eine Politisierung des Entscheidungsprozesses kaum zu vermeiden gewesen. Dies galt es unbedingt zu vermeiden.

Das Direktorium – ein schwieriges Terrain

Die Besonderheit der EZB **als völlig neue und europäische Institution** zeigte sich auf allen Ebenen, von der Organisation, den Mitarbeitern bis hin zur Führungsspitze. Die sechs Mitglieder des Direktoriums kamen aus verschiedenen Ländern mit unterschiedlichen Erfahrungen. In unserem Auftrag, den Bürgern die von der Politik versprochene stabile Währung zu garantieren, waren wir uns einig. Wie, auf welchem Weg und mit welchen Maßnahmen wir diese Verpflichtung erfüllen können, war im Kern ebenfalls unstrittig, führte aber im Einzelnen zu schwierigen Debatten und gelegentlich auch zu heftigen Auseinandersetzungen. Damit verbundene Meinungsverschiedenheiten konnten nicht überraschen, schließlich gab es keine Blaupause für die Schaffung einer gemeinsamen Währung für viele und zudem noch sehr heterogene Länder, der wir einfach hätten folgen können. Für das grundsätzlich gute persönliche Verhältnis untereinander spricht, dass beginnend mit einer Einladung Padoa Schioppas in sein Haus in der Toskana, Einladungen nach Barcelona und nach Würzburg zum Mozartfest folgten – jeweils mit unseren Ehepartnern, sodass persönliche Beziehungen entstanden. Ich erinnere mich noch gut an eine Szene bei der Einladung unserer finnischen Kollegin Sirkka Hämäläinen nach Finnland – verbunden mit einem Saunagang auf ihrer eigenen Insel. Sirkka hatte zu einem Mittagessen in einem historischen Gasthaus eingeladen. Überall hingen Schilder mit der Aufschrift: Rauchen strikt verboten. Als passionierter Raucher scherte dies Wim Duisenberg keinen Deut. Die Kellner suchten zunächst fieberhaft nach einem Aschenbecher, und als Wim die zweite Zigarette anzündete, entfernten sie die Verbotsschilder.

Für den Erfolg, gerade beim Start, kam es dabei entscheidend auf **den Mann an der Spitze, den Präsidenten** an. Um mein Urteil gleich vorwegzunehmen: Wim Duisenberg war die ideale Besetzung und ein Glücksfall für die EZB. Mit seiner offenen, toleranten und unprätentiösen Art, seiner tief verwurzelten Überzeugung von der Bedeutung der Geldwertstabilität für das Wohl eines Landes und seiner Bürger, fällt ihm an erster Stelle das Verdienst zu, eine für das erfolgreiche Zusammenwirken so unterschiedlicher Personen mit unterschiedlicher Herkunft so wichtige positive Atmosphäre quer durch alle Ränge der EZB geschaffen zu haben.

Duisenberg war nicht an Details interessiert. Er hatte aber stets einen Blick für das große Ganze. Sitzungen des Direktoriums und des EZB-Rats leitete er mit großer Souveränität. Er verstand es, sich abzeichnende Spannungen rechtzeitig zu erkennen und gelegentlich auch humorvoll im Keim zu ersticken. Für mich war er ein absoluter Glücksfall. Schon bei unserer ersten Begegnung in der EZB versicherte er mir sein Vertrauen in meine Kompetenz. Er gab mir volle Freiheit in meiner Verantwortung für die mir zugedachten Generaldirektionen Economics und Research und versprach mir, mich bei meinen geldpolitischen Vorschlägen zu unterstützen. Er hielt sich an dieses Versprechen und bei den wenigen Gelegenheiten des Dissenses fiel dies nicht zu seinem Vorteil aus. Nicht zuletzt dank dieser Unterstützung durch den Präsidenten konnte ich von der Strategie bis zu den geldpolitischen Entscheidungen meine Vorstellungen durchsetzen. Diese in der **Welt der großen Notenbanken wohl einmalige Sonderstellung** war für mich ein unschätzbares Privileg, an das ich mich selbst heute noch mit einem Hauch von Ungläubigkeit erinnere, für das ich aber vor allem Dankbarkeit empfinde. Eine im Grunde unrealistische Vorstellung eines Ökonomen, in zentraler Stellung bei der Schaffung einer neuen Währung, dazu der zweitwichtigsten in der Welt, mit diesem Maß an Einfluss verantwortlich gewesen zu sein.

Das gute Verhältnis zwischen Wim Duisenberg und mir wurde durch zwei Ereignisse getrübt. Das erste wurde durch die Medien, insbesondere durch die in der Finanzwelt dominierende *Financial Times* verursacht. Diese brachte mehrfach und mit verschärfender Tendenz Berichte des Inhalts, die wahre Führungsposition in der Geldpolitik der EZB sei nicht der Präsident, sondern der Chefökonom Otmar Issing. Obgleich er das mir gegenüber verbergen wollte, hat Duisenberg diese Berichterstattung verständlicherweise tief getroffen.

Während sich diese Verstimmung im Laufe der Zeit auflöste, erwiesen sich Attacken aus einer anderen Ecke als quasi dauerhaft. Wie schon erwähnt, stieß meine starke Stellung von Anfang an auf Widerstand im Direktorium. Während sich die Beschwerden über »zu viel Macht« etwa bei der Verfassung des Monatsberichts mit der Einsicht in organisatorische Notwendigkeiten abschwächten und schließlich weitgehend verstummten, stellte mein Kollege Padoa Schioppa meine Position praktisch bis zum letzten Tag seiner Amtszeit in Frage. Dies geschah immer wieder in Form von Vorwürfen, vorgetragen vor allem im Direktorium und über zahllose schriftliche Interventionen, am meisten aber über Besuche beim Präsidenten. Duisenberg wollte vor allem seine Ruhe haben und war oft geneigt, den Vorschlägen Padoa Schioppas zur Einschränkung meiner Position zu folgen. Ich will hier nicht die ganze Palette von Versuchen beschreiben, die teils organisatorischer Natur waren oder die Beschränkungen der mir unterstellten Generaldirektionen betrafen. Wiederholt suchte ich danach den Präsidenten in seinem

Büro auf, um ihn mit meinen Argumenten zu konfrontieren. Nach einem besonders heftigen Meinungsaustausch – eigentlich nicht der richtige Ausdruck, denn Wim hörte meist nur zu – sagte er zu mir: Otmar, I am a Frisian. OI: So what, I am a Frankonian. Damit war eigentlich alles über unser im Kern vertrauensvolles Verhältnis gesagt. Bei der einen oder anderen Gelegenheit habe ich ihm versichert: Wim, in unseren persönlichen Gesprächen bin ich immer offen zu Dir, nach außen wirst Du von mir nie ein kritisches Wort über den Präsidenten hören.

Eine Episode möchte ich noch erwähnen, weil sie wegen der Organisation der EZB von grundsätzlicher Bedeutung ist. Am Vorabend der Meetings des EZB-Rats trafen wir uns immer zu einem Arbeitsessen. Am Ende eines solchen Abends bat mich Wim, noch länger als sonst zu bleiben. Nachdem wir alleine waren, eröffnete er mir, wie er sich die weitere Entwicklung der EZB vorstellte. Im Kern liefen seine Überlegungen darauf hinaus, eigene Portfolios der Direktoriumsmitglieder abzuschaffen und alle Kompetenzen wie in der Fed auf den Präsidenten zu konzentrieren. Bei vielen Zigaretten und Whisky zog sich der Abend lange hin, bis mich Wim fragte: Otmar, was hältst Du davon? Ich wusste natürlich sofort, wer ihm diesen Plan eingeredet hatte, ließ dies aber unerwähnt. Meine Antwort: Wenn ich Dich recht verstehe, willst Du unser Greenspan werden. In Erinnerung an die Attacke der *Financial Times* fügte ich hinzu: Und ich kann Dich sogar gut verstehen, aber zwei Dinge solltest Du bedenken. Wim: Was ist Dein erster Punkt? OI: Um wie immer ganz offen zu sein – dann musst Du Dich aber auch wie Greenspan mit vollem Engagement einbringen. Die Zeit zog sich hin, es war schon weit nach Mitternacht und ich hoffte, er hatte meine zweite Bedingung vergessen. Doch die Frage kam: Was ist Dein zweiter Punkt? OI: Du weißt, was ich dann tue. Mehr habe ich nicht gesagt. Mir war völlig klar, dass diese fundamentale Änderung vor allem meiner Zuständigkeit in der Öffentlichkeit als Attacke gegen meine Position gewertet worden wäre. Nach einer derartigen Demontage hätte ich meine Arbeit in der EZB nicht fortsetzen können und wäre zurückgetreten. Dieses Mal kam seine Reaktion prompt: Otmar, vergiss es!

Nach seinem Ausscheiden aus dem Amt hat Wim den Kontakt zu mir immer wieder gesucht und mir zu verstehen gegeben, wie sehr er unsere Zusammenarbeit geschätzt hat und wie sehr ihm manches Scharmützel, wie er es nannte, leid tut.

Die Beziehung zu Vizepräsident Christian Noyer verlief vom ersten bis zum letzten Tag völlig harmonisch. Bei seinem Ausscheiden waren wir Freunde geworden, was sich bei vielen späteren Begegnungen bestätigte. Bei einem gemeinsamen Mittagessen in der EZB kamen wir schließlich wie öfter auch auf persönliche Dinge zu sprechen. Dabei stellte sich heraus, dass zu der Zeit, als sein **Vater als Kriegsgefangener in einem Lager in Deutschland** inhaftiert war, mein Vater als deutscher Soldat in Frankreich stationiert war. Jetzt arbeiteten die beiden Söhne im Eurotower zusammen, um einem europäischen Projekt zum Erfolg zu verhelfen. So haben wir die Aussöhnung unserer beiden Länder auf der persönlichen Ebene erlebt.

Unkompliziert und harmonisch verlief meine Beziehung zu meinem Kollegen Eugenio Domingo Solans. Das erleichterte die Zusammenarbeit zwischen unseren Generaldirektionen Statistik und Economics ganz außerordentlich. Als er turnusgemäß nach sechs Jahren ausschied, hatten wir Pläne für die Fortsetzung freundschaftlicher Begegnungen gemacht, die durch seinen beklagenswert frühen Tod leider unerfüllt blieben.

Die Entwicklung der Zusammenarbeit mit der einzigen Frau im Direktorium nahm einen seltsamen Verlauf, vom Status permanenter Auseinandersetzungen hin zu freundschaftlichen Beziehungen. Sirkka Hämäläinen war Präsidentin der finnischen Zentralbank, bevor sie zur EZB kam. In Helsinki dominierte sie als quasi alleinige Spitze und war Widerspruch schon lange nicht mehr gewohnt. Im Direktorium beklagte sie gerade am Anfang meine nach ihrer Meinung geradezu »diktatorische« Stellung. Die zahlreichen Kontroversen zwischen uns führten dazu, dass sie in einem Interview mit einem Journalisten, ohne meinen Namen zu nennen, von einem »Macho« im Direktorium sprach. Ich war diese Konfrontationen leid und suchte sie eines Tages in ihrem Büro auf. Ich erklärte ihr: Sirkka, ich helfe Dir in den Mantel, lasse Dir den Vortritt etc. Wenn es aber um Fragen zu unserer Arbeit geht, spielt es für mich keine Rolle, dass Du eine Frau bist und ich ein Mann bin. Mit anderen Worten – ich nehme Dich ernst, deswegen auch die häufigen Meinungsverschiedenheiten. Hast Du wirklich nicht gemerkt, dass Kollegen Deine Meinung oft einfach ignorieren, statt Argumente mit Dir auszutauschen? Das kannst Du doch nicht wollen. Um es kurz zu machen: Unser kritisches Verhältnis hat sich danach zunehmend entspannt, sie hat sich dann mit einer Herzlichkeit von mir verabschiedet, die auch unsere späteren Begegnungen kennzeichnet.

Genau entgegengesetzt entwickelte sich meine Beziehung zu Tommaso Padoa Schioppa. Während unserer Tätigkeit in der Banca d'Italia bzw. der Bundesbank pflegten wir einen stets fachlich/freundschaftlichen Kontakt. Das sollte sich leider mit Beginn der Arbeit in der EZB ändern. Von Anfang an versuchte er über alle Kanäle, meine Position zu untergraben und seine auszubauen. War ich zunächst auf Grund der Vergangenheit etwas naiv, musste ich nach zahlreichen Attacken von seiner Seite erkennen, dass es keine Basis für eine gedeihliche und vertrauensvolle Zusammenarbeit gab. In seinem Buch über die EZB mit dem Titel »Die Bank« hat der Autor Matt Marshall für den Abschnitt über Padoa Schioppa die Überschrift gewählt: »Der Machiavelli der EZB«. Genau so habe ich im Laufe der Zeit sein Verhalten eingeschätzt. Ich hatte zwar vor langer Zeit »Il Principe« (auf Deutsch) gelesen, aber genutzt hat es mir vorerst nichts. Vor allem die intrigenhaften Spiele habe ich erst allmählich durchschaut. Als Padoa Schioppa mich sogar in einer Sitzung des EZB-Rats aus heiterem Himmel sozusagen vor aller Mannschaft angegriffen hat, habe ich an Ort und Stelle direkt und hart reagiert. Bei einem anschließenden Versöhnungsversuch von seiner Seite in meinem Büro habe ich kein Wort gesprochen, damit hatte eine anfangs gute Beziehung ihr Ende gefunden. Für unsere unterschiedliche Verhaltensweise charakteristisch ist folgende Begebenheit: Als er wenige Tage später einen umstrittenen Antrag im Direktorium einbrachte, habe ich das Vorhaben unterstützt, weil ich es für richtig hielt. Die Verwunderung über mein Verhalten war Padoa Schioppa erkennbar ins Gesicht geschrieben.

Der Abschied von Wim Duisenberg und die Übernahme der Präsidentschaft durch Jean-Claude Trichet bedeuteten eine **Zäsur in der Entwicklung der EZB**. Die Anfangsphase hatten wir erfolgreich hinter uns gebracht. Jetzt galt es, die Institution zu konsolidieren und weiterzuentwickeln, Trichet war dafür wiederum die richtige Person. Wir kannten uns schon lange und hatten eine freundschaftliche Beziehung entwickelt, die uns aber nie daran hinderte, sachliche Meinungsverschiedenheiten auszutragen. Über das Fachliche hinaus schätze ich an ihm seine breite Bildung und vielfältigen Interessen. Bei meinem ersten Besuch in seinem Büro standen anstatt der Fachbücher, die Wim sicher nicht gelesen hatte, Werke von Goethe und Heine. Als ich die Zeile zitierte, »Denk' ich an Deutschland in der Nacht ...«, wollte er gleich die Fundstelle wissen. In vielen Gesprächen haben wir uns über unsere beiden Heimatländer ausgetauscht, die Kultur, Geschichte. In seiner Stabilitätsorientierung stand Trichet Duisenberg gewiss nicht nach, was unsere Zusammenarbeit wesentlich erleichterte. Weniger positiv fand ich die Hinwendung zu einer stärkeren politischen Orientierung. Zunehmende Spannungen erwuchsen aus meiner bis dahin dominanten Rolle in der Geldpolitik. Ich war mir bewusst, dass meine ungewöhnliche Stellung auf Dauer nicht haltbar, und für die Institution auf längere Dauer auch nicht tragbar war. Mein Ausscheiden kam also zum richtigen Zeitpunkt.

Mit Lucas Papademos kam ein neuer Vizepräsident, den ich persönlich kannte, aber schon sehr viel länger wegen seiner herausragenden wissenschaftlichen Veröffentlichungen außerordentlich schätzte. Die Medien witterten einen Machtkampf zwischen uns beiden um die Gestaltung der Geldpolitik. Als die *Financial Times* in einem fast ganzseitigen (!) Artikel die Ablösung des bis dahin dominierenden orthodoxen deutschen Notenbankers durch den angelsächsisch geprägten modernen Ökonomen Papademos verkündete und auf Dissonanzen zwischen uns verwies, rief mich Lucas, der erkrankt war, sofort an und versicherte mir, er habe mit der ganzen Sache nichts zu tun. Um diese Angelegenheit auch in der Öffentlichkeit klarzustellen, veranlassten wir einen Journalisten, in der nächsten Pressekonferenz die Frage zu den angeblichen Zwistigkeiten zwischen Papademos und mir zu stellen. Lucas antwortete: Ja, wir haben fundamentale Meinungsverschiedenheiten. Otmar bevorzugt Burgunder, ich Bordeaux. In allen Fragen der Geldpolitik hat er mich bis zum letzten Tag unterstützt.

Der Rat – ein komplexes Gremium

In der Bundesbank hatte ich mit dem Zentralbankrat den Umgang mit einer großen Zahl von Kollegen gelernt. Der EZB-Rat mit anfangs 17 Mitgliedern, sechs aus dem Direktorium und elf Präsidenten der nationalen Zentralbanken, erwies sich als das erwartete sehr viel schwierigere Gremium. Dafür sorgten schon allein die Unterschiede in den Nationalitäten mit ganz verschiedenem Hintergrund, was Geschichte, Kultur und ökonomische Ausrichtung betrifft. In der ersten Sitzung war die Sitzordnung der Präsidenten nach ihrer nationalen Herkunft ausgerichtet. Fazio z. B. saß also hinter dem Schild Italien. Dies veranlasste Tietmeyer zu einem spontanen Protest: Wir sitzen hier nicht als Vertreter eines Landes, sondern als Personen, **die einem gemeinsamen, europäischen Auftrag** verpflichtet sind. Und eine Sitzordnung, die auf ein Gegenüber von Direktorium und Rat hinweist, ist der gemeinsamen Sache auch nicht förderlich. Auf seinen Appell hin wurde dieses Arrangement sofort geändert. Seitdem sitzen Präsident und Vize nach wie vor an der Spitze, die übrigen Mitglieder, auch die des Direktoriums, alphabetisch geordnet hinter einem Schild mit ihrem Namen. Am Anfang schuf auch die Sprachenvielfalt die vorweg vermuteten Probleme. Als der Vertreter aus Frankreich in gewohnter Tradition Französisch sprach, folgte eine Intervention auf Italienisch. Aus Prinzip und wohl um den Unsinn dieser Übung zu demonstrieren, wählte Tietmeyer die deutsche Sprache. Dieser Unfug fand dann bald ein Ende. Die Diskussionen finden seitdem auf Englisch, also in der Sprache eines Landes statt, das dem Euro gar nicht angehört – ein weiterer Beweis für die lingua franca unserer Zeit.

Vor allem die Vertreter aus den großen Mitgliedsländern taten sich erkenntlich schwer mit der Tatsache, dass Richtung und Ton jetzt vom Eurotower ausgingen. Das führte etwa zu manchem »Scharmützel« zwischen mir und Tietmeyer, der zwar meine Politik grundsätzlich unterstützte, aber die Führungsrolle des Zentrums nur schwer akzeptieren konnte. Generell hielten gerade die Präsidenten der großen nationalen Notenbanken das Direktorium vor allem wegen der angeblich mangelnden Erfahrung und der geringen Ausstattung für schwach – zur Erinnerung: Hier weniger als 500 Mitarbeiter, dort 55.000. Und das betraf nicht nur den Größenunterschied, sondern vor allem die auf allen Ebenen eingespielten Teams in den nationalen Notenbanken. Ich war mir schon vor Beginn dieser Situation und der daraus drohenden Problematik, wenn nicht Gefahr für die einheitliche Geldpolitik bewusst. Für mich galt die Devise: Wir in der EZB müssen von Anfang an die Themen setzen und Probleme identifizieren, sonst werden wir bei allen möglichen Fragen von den nationalen Notenbanken getrieben. Der eleganteste Weg war, die nationalen Notenbanken mit ihrer Expertise einzubinden, ohne unsere Führerschaft zu gefährden. Dabei kam uns die fachliche Rivalität der einzelnen Notenbanken zugute.

Erstaunlich rasch ist es dann nach unleugbaren Anfangsschwierigkeiten gelungen, die Meinungsbildung im Rat auf das gemeinsame Ziel auszurichten. Wie von mir geplant und gehofft, hat dabei die Zwei-Säulen-Strategie eine für den Diskussionsprozess wichtige, disziplinierende Rolle gespielt. Entscheidend für die Fokussierung auf die Probleme der für den ganzen Euroraum einheitlichen Geldpolitik war aber der Umstand, dass wir vor einer historisch einmaligen Herausforderung standen. Der Abschied von den nationalen Währungen und die Einführung des Euro waren ein tiefer Einschnitt in die hergebrachte Ordnung. Dieser in der Sprache der **Ökonomen gewaltige Regimewechsel** schuf extreme Unsicherheit auf allen Ebenen. Wie würden sich unter diesen Umständen die Akteure verhalten, die Sparer und Konsumenten, die Investoren auf den Finanzmärkten etc., etc. Ich habe dem Rat die daraus für die Geldpolitik resultierenden Schwierigkeiten ganz offen dargelegt. Die in der Vergangenheit als selbstverständlich gesehenen Daten fehlten für den Euroraum oder waren mit höchster Unsicherheit behaftet. Der Euroraum war in der Tat terra incognita, unbekanntes Land. In diesem Umfeld extremer Unsicherheit galt es mit größter Umsicht zu navigieren, aber doch auch entschlossen zu handeln. Diese Konstellation hatte zwei Seiten: Zum einen existierten keine aus der Vergangenheit stammenden Patentlösungen. Zum anderen verlangte gerade die Situation höchster Unsicherheit nach Führung. Es gelang mir im Rat in wenigen Monaten, Vertrauen in meine Einschätzung der Lage und die daraus folgenden Schlussfolgerungen für die Geldpolitik aufzubauen. Dieses Vertrauen hat mich im Grunde bis zum Schluss meiner Amtszeit getragen und dazu geführt, dass ich mit meinen Vorschlägen am Ende immer durchdrang.

Acht Jahre erfolgreiche Geldpolitik

Als Ausdruck der bald gefundenen Übereinstimmung in der Ausrichtung der einheitlichen Geldpolitik mag die folgende, von Duisenberg mehrfach in der Öffentlichkeit zitierte Begebenheit gelten. Als der Rat im April 1999 eine Zinssenkung beschloss, gab der irische Notenbankpräsident folgenden Kommentar: Unsere Wirtschaft boomt, eine Zinssenkung ist das Letzte, was wir in Irland brauchen können. Aber ich stimme der Entscheidung zu, weil diese im Interesse der Geldpolitik für den gesamten Euroraum erforderlich ist.

Mit der Ankündigung der geldpolitischen Strategie bereits im Oktober 1998 hatte die EZB schon im Vorfeld des Beginns der Währungsunion Vertrauen gewonnen. Dieses galt es nun durch eine überzeugend auf Geldwertstabilität ausgerichtete Politik zu bestätigen. Um das Ergebnis für die acht Jahre meiner Amtszeit vorwegzunehmen: **Der Euro hat sich als so stabil, wenn nicht stabiler als die D-Mark erwiesen**. Dieser Erfolg war alles andere als selbstverständlich. Vor allem das außenwirtschaftliche Umfeld erwies sich als schwierig. So war etwa der Ölpreis vorher extrem stark gesunken. Der Wiederanstieg wirkte sich preistreibend im Euroraum aus. Dazu trug auch der geradezu dramatische Fall des Wechselkurses bei. Beim Start der Währungsunion stand die neue Währung am 4. Januar 1999 – einem Montag – bei 1,1789 US-Dollar für einen Euro. Der historische Tiefpunkt wurde am 26. Oktober 2000 bei 0,8252 US-Dollar erreicht. Ich erinnere mich noch gut an diese Phase. Wenn bei mir zeitweise fast täglich um 10 Uhr das Telefon läutete, war es Duisenberg mit immer dem gleichen deprimierten Ton: Otmar, hast Du gesehen, **der Euro ist wieder gefallen wie ein Stein**. Gerade für den Euro, dessen Geburt mit so viel Skepsis begleitet war, hätte dieser Verfall des Wechselkurses eine schwere Vertrauenskrise auslösen können. In Asien war dies auch durchaus der Fall. Jean-Claude Trichet, damals noch Gouverneur der Banque de France, kam nach einer Asienreise zu mir ins Büro und berichtete ganz niedergeschmettert: Otmar, weißt Du wie sie dort den Euro nennen – toilet currency. Alles in allem überstanden wir diese Phase letztlich unbeschadet. Das war sicher auch darauf zurückzuführen, dass wir unbeirrt an unserer stabilitätsorientierten Geldpolitik festhielten und diese Entschlossenheit auch erfolgreich kommunizierten.

An der London School of Economics, eine der führenden Einrichtungen auf ökonomischem Gebiet, hielt ich in dieser Zeit einen Vortrag. Der große Hörsaal war überfüllt mit Studenten. Nach längerer Zeit habe ich wieder einmal die Atmosphäre eines Hörsaals und die Diskussion mit jungen Leuten genossen. Ich wurde natürlich darauf angesprochen, dass der immense Wechselkursverfall stark mit meiner Botschaft vom stabilen Euro kontrastiert. Auf mein Argument, als im Innern stabile Währung werde sich auch der Wechselkurs des Euro wieder erholen, wurde mir wiederholt die Frage gestellt: Wann wird das der Fall sein? Nach dem Fehlschlag meiner Versuche, einer zeitlichen Vorgabe auszuweichen, erklärte ich schließlich: Ich bin überzeugt, meine über 90 Jahre alte Mutter wird das noch erleben. Ich hatte zwar damit gerechnet, dass sich Journalisten unter die Studenten gemischt haben könnten, war dann aber doch überrascht, wie die Nachricht von der Mutter des Chefvolkswirts der EZB in der Tat um den Erdball verbreitet wurde. Dieser kleine Vorfall war harmlos, machte mir aber wieder einmal deutlich, welche Vorsicht bei Äußerungen in der Öffentlichkeit geboten war.

Der 11. September 2001 stellte uns vor eher operativ-technische Probleme. Ich saß am Schreibtisch, als die Sekretärin meines Kollegen Solans mit einem fast hysterischen Schrei ins Zimmer stürmte. Professor Issing, schalten Sie den Fernseher ein. Während auf dem Bildschirm gerade das zweite Flugzeug in den Tower stürzte, sah ich mit demselben Blick wie immer die Flieger am Frankfurter Flughafen landen. Bei einer Attacke auf uns wäre ich nicht einmal bis zum Aufzug gekommen. Der Eurotower galt als das vielleicht wahrscheinlichste Angriffsziel in Europa. Diese Befürchtung bestimmte die hessische Landesregierung, die Hochhäuser in Frankfurt am nächsten Tag zu schließen. Als extraterritoriale Einrichtung waren wir an diese Weisung nicht gebunden. Nach ausführlichen Konsultationen, vor allem mit den Mitarbeitern, beschlossen wir, mit »business as usual« weiterzumachen. Wir stellten es aber allen Mitarbeitern frei, ohne weitere Erklärung zu Hause bleiben zu können. Dank einer raschen Vereinbarung mit der Fed konnten wir auf dem europäischen Markt die fehlende Dollarliquidität zur Verfügung stellen. Diese Aktion war ganz entscheidend, um die Finanzmärkte zu beruhigen.

Nach der turbulenten Anfangszeit wurden die geldpolitischen Sitzungen des EZB-Rats nach und nach zur Routine. Das betraf auch das Zusammenspiel zwischen der EZB und den nationalen Notenbanken. Das heißt selbstverständlich nicht, dass nicht schwierige Entscheidungen zu treffen waren. Meine im Rat vorgetragene Analyse und der Vorschlag für eine geldpolitische Entscheidung führte immer wieder zu – überwiegend fruchtbaren – Kontroversen, die aber stets in dem angestrebten Konsens endeten.

Ein großartiges Team

Wie schon geschildert, fand ich beim Start nur eine kleine Schar von Ökonomen vor, was sich allerdings bald änderte. Im Vorfeld hatte mir die Frage, welche Anrede ich wählen sollte, gelindes Kopfzerbrechen bereitet. In der Bundesbank war ich vom ersten Tag quasi selbstverständlich »der Professor«. In internationalen Institutionen waren Titel ganz unüblich. Wie sollte ich mich verhalten? Ich wollte nicht, dass meine Mitarbeiter mich mit Otmar ansprachen. Umgekehrt kam mir die Anrede der Mitarbeiter nur mit ihren Vornamen respektlos vor. Da kam mir ein Zufall zu Hilfe. Wim Duisenberg hatte sofort seine Visitenkarte mit »President Dr. W. F. Duisenberg« drucken lassen. Daraufhin sah meine Visitenkarte so aus: »Professor Otmar Issing – Member of the Executive Board«.

Damit war ich auch in der EZB bis zum letzten Tag einfach »der Professor«. Meine Mitarbeiter sprach ich immer mit Vor- und Nachnamen an, also Vitor Gaspar für den Generaldirektor in Research. Bei meinem Ausscheiden habe ich einige Mitarbeiter gefragt, ob sie mein in der EZB singuläres Verhalten nicht als etwas merkwürdig empfunden hatten. Die einhellige Antwort war, dass sie in meiner Anrede den Respekt ihnen gegenüber gesehen haben. Im Verbund mit meiner ohnehin starken Position war Duisenberg der einzige »Professor« ein Dorn im Auge. Als er mich einmal direkt darauf ansprach, machte ich ihm klar, dass er mit der Angabe seines Doktortitels auf der Visitenkarte der Auslöser war. Es war unstreitig, dass ihn alle Mitarbeiter als Präsident ansprechen würden, für den Dr. auf der Visitenkarte gab es also keinen Grund. Er bereute, den Anlass für meine Wahl gegeben zu haben, aber für eine Änderung war es längst zu spät.

Was wie eine fast läppische Formalie aussehen mag, spielte für den Umgang mit meinen Mitarbeitern eine nicht zu unterschätzende Rolle. Die Atmosphäre war damit von Anfang an auf gegenseitigem Respekt gegründet. Nur auf dieser Grundlage konnte es gelingen, eine offene Diskussion gerade über die extrem schwierigen und komplexen Fragen zu Beginn des Experiments Euro zu führen. Als Wissenschaftler, als der ich mich nach wie vor fühlte, war es für mich einerseits eine Selbstverständlichkeit, Argumente unabhängig vom »Rang« der Person ernst zu nehmen, und auf der anderen Seite bei meinen Mitarbeitern keine Scheu vor Kritik an meinen Ausführungen aufkommen zu lassen – ein alles andere als leichtes Unterfangen, das nur durch praktizierte Offenheit gelingen konnte. Wenn ich wie so oft eine Mitarbeiterin oder einen Mitarbeiter zu mir bat, um ein bestimmtes Problem zu diskutieren, habe ich immer wieder darauf hingewiesen: Sie kommen von einer der besten Universitäten, sind auf dem neuesten Stand der Forschung, wenn Sie in dieser Frage nicht besser Bescheid wissen als ich, haben wir bei der Einstellung einen Fehler gemacht. Sie sind der Experte. Meine Aufgabe ist es, diesen Einzelaspekt in die Gesamtanalyse zu integrieren und gegebenenfalls bei geldpolitischen Entscheidungen zu berücksichtigen. Meinen Eindruck, dass es mir gelungen ist, diese Offenheit zu verwirklichen, haben die Mitarbeiter tagtäglich mit ihrem Verhalten und bei meinem Ausscheiden in vielen Briefen bestätigt. (Trichet hatte rund 200 Personen aus der ganzen Welt, aber auch die Mitarbeiter eingeladen, mir einen Abschiedsbrief zu schicken.) Diese stimulierende und **erfolgreiche Zusammenarbeit mit exzellenten, hochmotivierten Ökonomen aus ganz Europa** war für mich eine wunderbare Erfahrung in meinen acht Jahren in der EZB. Es war ein ständiger, gegenseitiger Lernprozess, und wenn ich bei meinem Ausscheiden etwas schmerzlich vermisst habe, und im Grunde immer noch vermisse, war es dieser tägliche Meinungsaustausch, der mein Verständnis ökonomischer Zusammenhänge außerordentlich bereichert hat.

Über die so erfolgreiche fachliche Beziehung hinaus legte ich besonderen Wert darauf, das Persönliche nicht zu kurz kommen zu lassen. Dazu bat ich jeden Neuankömmling zu einem Gespräch mit mir in mein Büro. Und bei den in den ersten Jahren wenigen Abgängen habe ich die Betreffenden immer nach den Ursachen für diese Entscheidung gefragt. Schon sehr früh habe ich mein Büro gebeten, ein Mittagessen mit einer »Unit« aus Economics und Research – Gruppen von fünf bis maximal acht Personen – in der Cafeteria zu organisieren. Ich habe darauf bestanden, dass die leitenden Manager, die ich ohnehin oft sah, davon ausgeschlossen blieben mit der Bemerkung, ich will mit den Indianern reden, die Häuptlinge sehe ich oft genug, sie würden dabei nur stören. Als ich ausschied, hatte ich mich mit den rund 150 Mitarbeitern drei Mal getroffen. Bei diesen Gelegenheiten sprach ich oft einschlägige Ausarbeitungen der Mitarbeiter an, häufig tauschten wir aber auch Ansichten zur Geschichte, Kunst oder dem Sport aus. Eine Episode haftet noch frisch in meinem Gedächtnis. Ein Mitarbeiter – die Gespräche wurden immer auf Englisch geführt – wollte offenbar dringlich eine Frage loswerden. Stimmt es, dass Sie jeden Morgen schwimmen? (Im Basement meiner von der Bundesbank gemieteten Wohnung befand sich ein Swimmingpool.) Wie lange schwimmen Sie? OI: 500 Meter Rücken. Wie lange ist der Pool? OI: 10 Meter. Dann schwimmen Sie also 25 Mal hin und her. OI: Korrekt gerechnet. Kommt es vor, dass Sie sich verzählen? OI: Fast jeden Tag. Das ist so langweilig, ich denke dabei meist darüber nach, was an diesem Tag so ansteht. Und –

ganz begierig: Was machen Sie dann? OI: Um auf der sicheren Seite zu sein, schwimme ich zwei oder vier Bahnen mehr. Der spontane Ausruf des Italieners: Typisch deutsch!

Ausweis für die fachlich wie persönlich gute Zusammenarbeit war auch das jährliche Fußballspiel zwischen Economics und Research um den »Issing Cup«.

Mir fiel bald auf, dass meine Mitarbeiter, nicht zuletzt unter dem Eindruck engagierter Zusammenarbeit der vielen Nationalitäten, die so **leidvolle** europäische Geschichte aus dem Blick verloren. Als ich mir überlegte, was ich gegen dieses Vergessen unternehmen könnte, kam mir folgende Begebenheit zu Hilfe: Vor Weihnachten habe ich immer meine rund 18 Manager in zwei Partien in meine Wohnung zum Abendessen eingeladen. Es war im zweiten Jahr, als mir ein Spanier einen etwas gedrückten Eindruck machte. Nach dem Grund gefragt, erklärte er mir: Sein Sohn kam gestern ganz betroffen aus der internationalen Schule mit der Frage zurück: Waren wir Spanier wirklich so schlimm? Er bezog sich dabei auf die Schilderung des Lehrers über das Wüten Herzog Albas in den Niederlanden, von dem er in Spanien noch nie gehört hatte. Das brachte mich auf den Gedanken, dass wir die Vorstellungen über die Geschichte unserer so verschiedenen Länder wohl vor allem im Schulunterricht gebildet und dabei ganz unterschiedliche Versionen gehört hatten. Meine Idee, dem in kleinen Seminaren nachzugehen, wurde sofort geradezu begeistert aufgenommen.

Der beste Test bestand darin, Episoden der Geschichte heranzuziehen, in die möglichst viele europäische Länder verwickelt waren. »Napoleon« galt das erste Seminar. Zur Einführung konnte ich einen renommierten Professor der Geschichte gewinnen, der uns einen hervorragenden Überblick über die Auswirkungen dieser Epoche auf ganz Europa erläuterte. Zur Stimulierung der anschließenden Diskussion bat ich je einen Mitarbeiter aus England und Frankreich, so drastisch wie nur möglich ihre nationale Einstellung zu dieser historisch einzigartigen Person zu schildern – ein Auftrag, den beide mit Verve erledigten. Bei Sandwich und einem Glas Rotwein haben wir dann bis spät in den Abend heftig diskutiert. Im Verlauf der Jahre widmeten wir die Abende Themen wie »Imperialismus« oder »Reformation«. Das letzte Seminar galt dem Ersten Weltkrieg. Hier hatte ich einen anderen Ansatz gewählt. Ich bat alle Teilnehmer, sich in ihrem Kreis von Familien und Bekannten über deren Erinnerungen zu informieren. Dabei kamen erstaunliche Unterschiede zu Tage. Während in einigen Ländern, darunter auch Deutschland, kein großes Interesse zu vermelden war, galt in anderen diesem Ereignis nach wie vor große Aufmerksamkeit. Ein Franzose aus der Bretagne berichtete: Am Tag des Waffenstillstands, dem 11. November, begab sich die ganze Klasse auf den Friedhof. Dort las ein Schüler die Namen der im Ersten Weltkrieg Gefallenen vor. Und nach jedem Namen rief die Klasse im Chor: Mort pour la France!

Ich verließ die EZB mit einem tiefen Bedauern über den Abschied von meinen Mitarbeitern, mit denen mich nicht nur die gemeinsame Arbeit verband. Diese Verbindung zeigte sich auch nach vielen Jahren noch in herzlichen Begrüßungen bei zufälligen Begegnungen, etwa beim Warten auf einen Flug. Ein besseres Team hätte ich mir nicht vorstellen können. Der Erfolg der EZB hat nicht zuletzt in dieser Zusammenarbeit seine Wurzel.

Vielfältige Herausforderungen

In der Verantwortung für die Geldpolitik war ich mir stets meiner Verankerung in der Wissenschaft bewusst. Der permanente Dialog mit den hervorragenden Mitarbeitern und meine spezielle Rolle im EZB-Rat bildeten die Grundlage, die **Welt der Theorie mit den Bedingungen praktischer Politik** in Einklang zu bringen. Diese Brücke zu schlagen ist alles andere als einfach. Wie oft klafft eine Lücke zwischen der wissenschaftlichen Erkenntnis und der Notwendigkeit zu handeln. Der stete Kontakt zur Wissenschaft war unentbehrlich dafür, diese Herausforderung zu meistern. Die EZB als neue und zugleich bedeutende Notenbank war das Ziel prominenter Wissenschaftler aus der ganzen Welt. Viele von ihnen gaben Seminare für die Mitarbeiter. Ich habe kaum eine Gelegenheit ausgelassen, mich in anschließenden bilateralen Gesprächen über die neuesten Entwicklungen zu informieren, quasi ein Privatseminar auf höchstem Niveau, ein kaum zu überschätzendes Privileg. Diese Begegnungen gaben mir auch die Möglichkeit, mich mit kritischen Stimmen auseinanderzusetzen und unsere Politik daran zu messen.

Eine besondere Rolle spielten dabei die verschiedenen Gruppen der »ECB Watchers«, die sich bereits vor dem Beginn der Währungsunion gebildet und angekündigt hatten, unsere Politik kritisch zu begleiten. Die prominenteste Gruppe veröffentlichte unter dem Titel »Unsafe at any Speed« eine vernichtende Kritik meiner Zwei-Säulen-Strategie und erklärte die EZB schlichtweg für schwach und unerfahren. In einer ersten Diskussion, zu der ich eingeladen hatte, musste ich erst einmal eine ganze Reihe von Missverständnissen ausräumen. Ich wollte es aber nicht dabei belassen. Meine Bemühungen führten zur ersten **»ECB Watchers Conference«** im Juni 1999, zu der alle Gruppen, darüber hinaus auch Vertreter der Banken und der Medien eingeladen waren. Dieses Forum hat sich als außerordentlich erfolgreich erwiesen und damit weltweit Maßstäbe für den Umgang mit Kritikern gesetzt. Kein Wunder, dass die Konferenz einen wichtigen Platz im Kalender belegt und inzwischen auf 25 Jahre erfolgreiche Praxis verweisen kann.

Einer der anfangs schärfsten prominenten Kritiker schrieb mir in einem Brief zu meinem Abschied aus der EZB: »... Under your wise and steady leadership, the ECB developed into perhaps the best central bank there is in the world today. You sorted through the traditions of the different national central banks, and established a meaningful framework within which European monetary policy was to be discussed and was to be decided for the last eight years ... You often took your time to discuss new ideas and suggestions regarding monetary policy with us. I took from this that you also believe that central banks should be open to the ideas of academics and academics should listen to what central banks think.« Im Laufe der Zeit haben sich viele Wissenschaftler dieser Meinung angeschlossen. Sie gibt jedenfalls exakt das wieder, was ich beabsichtigte.

Die Auseinandersetzung mit den Kritikern und das Bemühen, unsere Politik zu erklären, erforderten Aktivitäten auf verschiedenen Ebenen. Neben und in gewissem Sinne noch vor der Wissenschaft kam die **Verpflichtung gegenüber dem Europäischen Parlament.** Diese Rechenschaftspflicht erfüllte in erster Linie der Präsident mit seinem Erscheinen vor dem Plenum. Der zuständige Ausschuss lud mich zweimal im Jahr zu einem Bericht und anschließender Diskussion ein. Dabei galt es anfangs, tief liegende Missverständnisse, auch Vorurteile zu überwinden. So wurde ich von Seiten des linken Lagers heftig als Vertreter des »Großkapitals« attackiert. Es war nicht schwer, sich gegen diesen Vorwurf zu verteidigen. So legte ich dar, dass wir einen von der Politik und damit auch von den Parlamenten erteilten Auftrag zu erfüllen haben, nämlich Preisstabilität zu gewährleisten. Das liegt vor allem im Interesse der Schwachen in unserer Gesellschaft, die am wenigsten in der Lage sind, sich gegen die negativen Folgen der Inflation zu schützen. Im Laufe der Zeit wurde die EZB auch hier respektiert und die Diskussionen verliefen meist sachlich.

Der EFC, der Wirtschafts- und Finanzausschuss der EU bereitet die Sitzungen und Beschlüsse des Ecofin, des Gremiums der Finanzminister der Mitgliedsländer vor. Ihm gehören die stellvertretenden Finanzminister und zwei Vertreter der EZB an. Einer davon war ich. Eine Phase ist mir in besonderer, und zwar schlechter Erinnerung geblieben. Deutschland und Frankreich, unter der Präsidentschaft Italiens, verletzten im Jahre 2003 die **Regeln des Stabilitäts- und Wachstumspakts**, indem sie die Defizitgrenze von minus 3 Prozent überschritten. Ich war zwar der Vertreter einer europäischen Institution, doch bei diesen Verhandlungen fühlte ich als Deutscher, beschämt, dass ausgerechnet mein Land mit seinem Verhalten den Pakt beschädigte, den Pakt, auf dem es vor Beginn der Währungsunion gegen großen Widerstand bestanden hatte. Der Einfluss der deutschen – und französischen – Politik verhinderte, dass es zu den für diesen Fall vorgesehenen Sanktionen kam. Von diesem Schlag hat sich der Pakt im Grunde nie mehr erholt. In einer Währungsunion mit zahlreichen souveränen Staaten bedarf es eines europäischen Bollwerks gegen finanzpolitisches Fehlverhalten einzelner Länder. Die Verantwortung für die Beschädigung des Pakts lastet bis heute schwer auf der Bilanz deutscher Europapolitik.

Die Jahrestagungen des **Internationalen Währungsfonds und der Weltbank** besuchte ich jetzt als Vertreter der EZB. Viele Gelegenheiten konnte ich dabei nutzen, um unsere Politik zu erklären. Immer wieder war ich bei verschiedenen Veranstaltungen der Sprecher nach Alan Greenspan, der zur Geldpolitik der Fed sprach bzw. sprechen sollte, da er beispielsweise weitläufig über die Entwicklung des Ölpreises referierte, ohne das Wort Geldpolitik auch nur in den Mund zu nehmen. Näher kennengelernt hatte ich ihn bei einem Besuch der amerikanischen Notenbank kurz nach der Einführung des Euro. Als ich etwas provozierend davon sprach, die beiden wichtigsten Notenbanken der Welt sollten im engen Kontakt stehen, war trotz seiner ausdruckslosen Mimik in seinen Augen Erstaunen über diese anmaßende Bemerkung zu erkennen. Diese Einstellung sollte sich im Verlauf der nächsten Jahre ändern.

Die offiziellen Veranstaltungen dieser Jahrestagung, die meist durch den Präsidenten des jeweiligen Landes eröffnet werden, bieten eine große Bühne, aber selten etwas Neues. Wichtig sind die vielen Gespräche am Rande, schließlich kommen nur einmal im Jahr mehrere Tausend Vertreter der Währungs- und Finanzwelt an einem Ort zusammen. Die Abende bieten dann die Gelegenheit auch zum Besuch kultureller Ereignisse. Lange Zeit war es üblich, dass die drei deutschen Großbanken, an drei aufeinander folgenden Tagen, viele Gäste einluden. Bei der Commerzbank war es in Washington die Einladung zur Fahrt auf dem Potomac mit einem auf alt getrimmten Raddampfer. Auf der Tagung in Dubai wich man auf ein touristisch hergerichtetes Beduinendorf in der Wüste aus. Dort saßen die Besucher dann auf Kissen im großen Kreis um ein riesiges Feuer in der Mitte. Bei der Begrüßung versuchte man Wim Duisenberg gegen seinen Widerstand auf ein Kamel zu hieven, ein ungeplanter Moment der Erheiterung. Dieses Ereignis erwähne ich hier wegen seines Nachspiels. Im Zusammenhang mit dem Rücktritt Ernst Weltekes vom Amt des Bundesbankpräsidenten wegen der Finanzierung eines Berlinaufenthalts mit Familie anlässlich der Einführung der Eurobanknoten suchten Journalisten nach weiteren »Verdachtsfällen« und stießen dabei auf den Besuch des genannten Lagers in Dubai durch Bundesfinanzminister Eichel und mich. Nach dem »Vorfall« gefragt, gab das Bundesministerium der Finanzen die merkwürdige Erklärung heraus, bei den besonderen Verkehrsverhältnissen in Dubai sei die Einladung zu einem Abendessen anders zu erklären als etwa in Deutschland. Meine Erklärung war kurz und bündig: Ich habe diese Gelegenheiten immer zu Gesprächen mit Kollegen aus aller Welt genutzt und bin entschlossen, dies auch weiterhin zu tun.

Nach kurzer Aufregung verlief die Angelegenheit im Sande, diente mir aber wieder einmal als Warnung, wie vorsichtig man mit der Annahme von Einladungen sein muss. Während meiner Amtszeit habe ich viele Einladungen, nicht wenige mit großem Bedauern abgelehnt, nicht selten begleitet vom Unverständnis potenzieller Gastgeber. Mit diesem konsequenten Verhalten vermieden wir jeden Verdacht einer möglicherweise für problematisch gehaltenen Beziehung zu einer Bank oder anderen Institution im Finanzsektor und darüber hinaus. Wie schon erwähnt, hatten wir aus diesem Grund im Direktorium auch beschlossen, kein Honorar für Reden etc. anzunehmen. Im Nachgang zu einem Vortrag, bei dem ich ausdrücklich die Annahme eines Honorars verweigert hatte, erreichte mich eine Magnumflasche eines spanischen Rotweins. Da mir die Sache nicht geheuer war, ließ ich von der Protokollabteilung den Wert des Geschenks ermitteln. Wie von mir vermutet, handelte es sich um einen sehr edlen und entsprechend teuren Tropfen. Was tun? Zurückschicken wäre eine Beleidigung gewesen. Als Beitrag zur jährlichen Tombola der EZB war der Wein zu schade. Ich habe mich dann entschieden, die erhebliche Differenz des Preises zu den »erlaubten« 50 Euro an die EZB zu zahlen und den teuersten Wein meines Lebens bei passender Gelegenheit mit Freunden zu genießen.

Die Einführung des Euro und der Start der neuen Notenbank haben weltweit großes Interesse erregt. Eine endlose Folge von Einladungen war die Folge, die meisten davon musste ich wegen Zeitmangel absagen, naheliegenderweise zwei davon nach Australien. Der Aufklärungsbedarf war riesig, meine Aufgabe war zugleich leicht und schwierig. Aus der Fülle der Veranstaltungen möchte ich zwei wegen der besonderen Umstände kurz beschreiben.

Schon bald nach der Geburt des Euro lud mich Lord Dahrendorf, den ich schon länger kannte, zu einem Vortrag vor **Mitgliedern beider Häuser des englischen Parlaments** zu einem Vortrag ein. Die prominente Zuhörerschaft und das ehrwürdige Auditorium im Parlamentsgebäude schufen eine für mich ganz besondere Atmosphäre. Die Fragerunde verlief trotz der Anwesenheit zahlreicher Eurokritiker in durchaus freundlichem Ton. Zu meiner Überraschung eröffnete mir Dahrendorf, dass bei dem angesetzten Dinner von mir eine weitere Rede erwartet wird. Da eine ganze Reihe der Zuhörer bereits meinen Vortrag im Parlament besucht hatte, solle ich mich keinesfalls wiederholen. Ich hätte mir zwar eine Vorankündigung gewünscht, war aber nach einem Moment des leichten Schocks routiniert genug, um eine zweite freie Rede zu halten. Um ein wenig zu provozieren, strich ich die erfolgreiche Politik der EZB heraus, zu der auch eine ganze Reihe hervorragender Ökonomen aus Großbritannien beitrugen. Nach eher harmlosen Fragen in der anschließenden Runde meldete sich ein Lord, vor dem mich Dahrendorf gewarnt hatte: Kein Freund Europas und Deutschlands. Wie sich gleich herausstellen sollte, eine untertriebene Warnung. Besagter Lord hub zu einer weit ausgreifenden Philippika an. Nach wenigen Vorbemerkungen kam er bald auf Bismarck zu sprechen und endete schließlich mit erhobener Stimme, auf mich zeigend: You, you will not lead us into slavery! Ich begann mit einigen Worten zur leidvollen deutschen Geschichte und schloss: Was immer auch die Deutschen in der Geschichte angerichtet haben, die großen Sklavenhändler waren sie nicht. Nicht Wenige haben mir nachher zu meiner spontanen Reaktion gratuliert.

Bei einem Vortrag in Dublin, vom Veranstalter groß angekündigt, wollte ich wie gewöhnlich mit einem lokalen Bezug beginnen. Zum Folgenden muss man wissen, dass Kilian der Ortsheilige meiner Heimatstadt Würzburg – und Schutzpatron des Frankenweins – ist. Während der Heilige Kilian außerhalb Frankens kaum bekannt ist, ist sein Name vielen Iren geläufig. Ich begann meine Rede also wie folgt: Der Mönch Kilian kam im 7. Jahrhundert mit seinen beiden Gefährten Kolonat und Totnan aus Irland in meine Heimatstadt Würzburg, um meine Vorfahren zum Christentum zu bekehren. Er predigte das Christentum und wurde zum Dank umgebracht. Ich predige heute **die Botschaft vom stabilen Euro,** habe aber keinen Ehrgeiz, als Märtyrer heilig gesprochen zu werden. Diese Einleitung wurde geradezu enthusiastisch aufgenommen, sodass am Tag darauf auf der Titelseite der Irish Times eine große Karikatur erschien, die mich mit Bischofsstab und Mitra zeigt. Die Zeitung schickte mir das Bild, das als Vorlage diente. Es schmückt seitdem mein Arbeitszimmer.

Nach ihren Erfahrungen mit der Zerstörung des Geldwesens innerhalb einer Generation und der stabilen D-Mark sind die Deutschen besonders sensibel schon gegen Anzeichen der Inflation. **Die Debatte um den »Teuro«** in den ersten Monaten nach der Ausgabe der Eurobanknoten grenzte aber fast an Hysterie. Zu einer Zeit, in der der Internationale Währungsfonds in einer Studie für Deutschland die Gefahr der Deflation, also eines allgemeinen Rückgangs der Preise beschwor, fühlten sich die Deutschen von einem massiven Anstieg der Inflation bedroht. Dieser Eindruck wurde bestimmt durch in der Tat deutliche Preissteigerungen für Güter des täglichen Bedarfs. Für eine Brezel, den gewohnten Espresso oder einen Restaurantbesuch musste man oft das Gleiche in Euro bezahlen wie vorher in D-Mark. Dabei hätte die Preisumstellung auf die neue Währung einen (rund) um die Hälfte niedrigeren Wert ergeben müssen, genau das, was bei den Löhnen und Gehältern geschah. Die Bürger hatten also den Eindruck: Der Euro bedeutet Inflation und macht uns ärmer. Der Eindruck beim täglichen Kauf dominierte; dass etwa die Miete mit dem (grob gerechnet) halben

Betrag – die Umstellung war schon früher erfolgt – vom Konto abgebucht wurde, ging völlig unter. In unseren Publikationen, voran dem Monatsbericht, veröffentlichten und erklärten wir die statistisch korrekten Werte. Gegen **das Phänomen der »gefühlten« Inflation** war aber kaum anzukommen. Das erlebte ich immer wieder auch in persönlichen Gesprächen.

Der ehemalige Außenminister Genscher hielt im Jahr 2002 eine Gastprofessur an der Universität Mainz. Im Rahmen einer stark besuchten Vortragsreihe, in der die Woche vorher Gorbatschow gesprochen hatte, hielt ich einen Vortrag zum Thema »Europäische Währungsunion«. Die erste Frage an mich nach dem Ende des Vortrags lautete: Herr Professor Issing, das ist ja alles schön und gut, aber warum ist mit der Einführung des Euro alles teurer geworden? Ich erklärte, dass dies eine Fehleinschätzung ist, schaute in die Menge von über 1000 Zuhörern, und gab nach kurzer Zeit den aussichtlosen Erklärungsversuch mit den Worten auf: Ich sehe, Sie glauben mir nicht, und sogar meine Frau – die bei dem Vortrag in der ersten Reihe saß – will mir auch nicht glauben.

Selbst fünf Jahre später war das Missverständnis nicht ausgeräumt. Bei einer Radiosendung des Bayerischen Rundfunks zum fünfjährigen Jubiläum der Ankunft der Eurobanknoten, der für die Bevölkerung weithin der Tag des Beginns des Eurozeitalters war, saß ich im Studio, um Fragen der Zuhörer zu beantworten. Es ging fast ausschließlich um den »Teuro«. Ich versuchte so einfach wie möglich zu erklären, wie in Deutschland die Preise korrekt gemessen werden. Den Reaktionen nach hatte ich damit teilweise auch Erfolg, bis eine Frau erregt anrief, sie kaufe keinen Computer und solches Zeugs, ich hätte keine Ahnung, bei ihren Einkäufen sei alles teurer geworden. Ich erklärte ihr, dass das in dieser Form einfach nicht stimmt. Nicht nur Mieten, die rund ein Drittel der Ausgaben eines Haushalts ausmachen, seien in Deutschland kaum gestiegen, manches sei sogar billiger geworden, das gelte auch für den täglichen Einkauf. Darauf: Ich solle mal ein Beispiel nennen. Ich hatte mich natürlich auf solche Fragen vorbereitet und hatte eine Liste von Preisen zum Ende der D-Mark-Zeit vor mir. Meine Antwort: Das gilt zum Beispiel für ein Pfund Schinken. Darauf der Ausruf: Wo kauft denn der Professor ein? Diese Erfahrung hat mir wieder einmal verdeutlicht, wie weit wir im Eurotower von den Menschen entfernt waren und wie schwierig, wenn nicht manchmal aussichtslos es ist, mit unseren Botschaften die Bevölkerung zu erreichen.

13.

ABSCHIED VON DER EZB – ABSCHIED VON DER WELT DER NOTENBANKEN

Mit dem Ausscheiden aus dem Direktorium der EZB nach Ablauf meiner Amtszeit von acht Jahren verließ ich auch das weltweite Netz, das Notenbanker aus aller Welt vereint. Wie zu erwarten, rätselten die Medien schon mit Beginn des letzten Jahres über die Phase der »lame duck«, also meines immer geringer werdenden Einflusses bis hin zum Ende. Ich ließ mich davon nicht beirren, fuhr mit meiner Tätigkeit einfach fort und sehr bald hörten solche Kommentare auch auf. Die *Financial Times*, die mein Wirken lange sehr kritisch kommentiert hatte, brachte zu meinem Abschied einen mehr als versöhnlichen großen Beitrag unter dem Titel »Missing Issing«. Den fixierten Termin und das Verbot der Wiederernennung empfand ich von Anfang an als willkommene Vorkehrung gegen alle möglichen Spekulationen, auch von meiner Seite.

Wie schon erwähnt, war die EZB und gerade auch ich in meiner Position als Chefvolkswirt das Ziel prominenter Besucher, sei es aus der Politik, der Wissenschaft oder der Finanzindustrie. Schmeichelhafte Komplimente konnten dabei nicht ausbleiben. Ich habe mir immer gesagt: Otmar, dieser Respekt gilt der Position und nicht deiner Person. Sobald du aus dem Amt bist, hört das auf. Nun, für viele Besucher traf das erwartungsgemäß auch zu, aber bei weitem nicht für alle. Das Ende meiner Karriere als Notenbanker sah ich mit eher geringer Wehmut kommen, alles hat schließlich seine Zeit und wer weiß, welches Ungemach, auf das man keinen Einfluss hat, die Zukunft bereitgehalten hätte. Noch im Amt erreichten mich durchaus verlockende Angebote aus der Wissenschaft – so von den Universitäten in Amsterdam und Bologna – und der Finanzindustrie. Unabhängig davon hatte ich immer die **Nähe zur Wissenschaft** gewahrt. Schon als Hochschullehrer empfand ich es immer als ein besonderes Privileg, unabhängig von Amt und Alter wissenschaftlichen Interessen nachgehen zu können. Bei meinem besten Freund, einem Chirurgen, hatte ich gesehen, wie sich nach dem Berufsende ein tiefes Tal auftat. Einem an der Wissenschaft interessierten Ökonomen bleibt dieses Schicksal erspart.

Die turbulenten letzten Wochen mit Abschiedsveranstaltungen im In- und Ausland haben wenig Zeit zum Nachdenken über die letzten acht Jahre gelassen. Schließlich gingen die Gedanken doch zurück auf die lange Zeit, die ich in den zwei Notenbanken verbracht habe. Im Rückblick habe ich mich über mich selbst gewundert. Diese Verwunderung galt nicht zuletzt der hohen Belastung, die ich alles in allem problemlos bewältigt habe. Als ich 1970 das erste Mal zu einer Konferenz in die USA reiste, benötigte ich die angekündigten Tage für die Überwindung des Jetlags. Vor allem in den letzten acht Jahren war alles anders. Nach der Ankunft aus Amerika oder Japan am frühen Morgen, nach kurzem Duschen ins Büro bis zur gewohnten Zeit um ca. 21 Uhr war eine Selbstverständlichkeit. Ein Mitarbeiter hat mir einmal gesagt: Ich habe Sie nie müde gesehen. Das stimmte zwar des Öfteren nicht mit meinem Empfinden überein, entsprang aber der schlichten Notwendigkeit. Gerade in den Führungskreisen internationaler Institutionen oder der Wirtschaft sind solche Fragen einfach kein Thema. Ich habe nur für mich verwundert festgestellt, dass ich gegen meine Vermutung dieser Herausforderung auch physisch gewachsen war. Keine Schwäche zu zeigen, weder den Kollegen, noch den Mitarbeitern oder der Öffentlichkeit gegenüber, und das über 16 Jahre, zählt auch zu diesen Selbstverständlichkeiten.

Vor allem aber konnte ich auf eine in ihrer Dimension im Vorhinein kaum vorstellbare erfolgreiche Bilanz meines geldpolitischen Wirkens blicken. So gut wie immer konnte ich meine geldpolitischen Vorstellungen durchsetzen – ohnehin in der Bundesbank, in der EZB von der geldpolitischen Strategie bis hin zu der Vielzahl geldpolitischer Entscheidungen. Unersetzlich war mir dabei die Verankerung in der Wissenschaft sowie der richtige Umgang mit Kollegen, nicht zuletzt dem EZB-Rat und den Mitarbeitern. **Vertrauen ist die Basis, Glaubwürdigkeit** gewinnt man durch eine verlässliche klare Linie in den Vorschlägen für die Geldpolitik. Als eine Art Prinzipien für mein Verhalten haben sich herausgestellt:

- Ziehe nie in eine Auseinandersetzung, von der du wissen musst, dass du sie nicht gewinnen kannst;
- Starte nie Aktivitäten, bei denen du nicht glaubst, die Kontrolle zu behalten;
- Übernehme nie Verantwortung für Aufgaben, bei denen du nicht auch die Kompetenz für die Durchführung der notwendigen Maßnahmen erhältst.

Mein Beginn als Notenbanker 1990 fiel in eine Zeit, in der die Wiedervereinigung die deutsche Wirtschaft grundlegend veränderte und die Geldpolitik der Bundesbank vor neue Aufgaben stellte. Für den Aufbau einer neuen Notenbank, die zudem mit Beginn die zweitwichtigste Institution in der Welt auf diesem

Gebiet werden sollte, und erst recht die Einführung des Euro, eine gemeinsame Währung für einen großen und heterogenen Wirtschaftsraum ohne korrespondierenden Staat, gab es keine Blaupause. Die Unsicherheit, der sich die EZB mit ihrer Geldpolitik ausgesetzt sah, erreichte ein denkbares Maximum. Ich habe die damit verbundene extrem schwierige Aufgabe nicht nur als Herausforderung empfunden, sondern geradezu als **einmaligen Glücksfall für einen Ökonomen**. Welche Chance, wissenschaftliche Erkenntnis mit all ihren Grenzen mit der Notwendigkeit geldpolitischen Handelns zu verbinden. Ich war mir der Verantwortung bewusst, die unter all den hervorragenden Ökonomen in der Welt ausgerechnet mir zufiel. Dem Zweifel, ob ich dieser Aufgabe gewachsen bin, habe ich versucht, keinen Raum zu lassen. Ich hatte mich nicht nach dieser Position gedrängt. Mit der Annahme meiner Ernennung musste ich mich der Verantwortung stellen.

Beim Schreiben dieser Zeilen habe ich mich immer wieder gefragt, ob ich meinen Beitrag, insbesondere zum Gelingen des Euro, nicht übertrieben habe. Gemessen an den Elogen, anders kann ich das nicht nennen, die mir während meiner Amtszeit und erst recht beim Abschied zuteil wurden, darf ich diese Frage verneinen. Und doch sollte man sich in einer solchen Frage nie sicher sein. Daher zum Schluss Auszüge aus einem handschriftlichen Brief, den mir Präsident Jean-Claude Trichet zum Abschied geschrieben hat (in deutscher Übersetzung):

»Lieber Otmar,
ich möchte Dir so sehr danken für alles, was Du für die Europäische Zentralbank, für den Euro, und für Europa getan hast. Bereits in der Bundesbank hast Du intellektuelle Exzellenz, unbestreitbare professionelle Autorität erbracht, Respekt für unterschiedliche Ansichten, vorausgesetzt sie waren gestützt auf ernsthafte Analyse und volle Hingabe zu den wichtigsten wissenschaftlichen Argumenten

im Dienst der monetären Stabilität und der institutionellen Glaubwürdigkeit.

Du warst und bist das lebende Symbol des bemerkenswerten Übergangs von den nationalen Währungen zum Euro, der auf der vollen Erhaltung des Vermächtnisses der Stabilität, Glaubwürdigkeit und Vertrauen beruht, welches das Privileg der am meisten glaubwürdigen vorherigen nationalen Währungen war, mit Deiner eigenen an erster Stelle …

Der Euro war der Zement und das Symbol der Europäischen Union und wird es bleiben. Wir schulden Dir, lieber Otmar, ein hohes Maß an Dankbarkeit für Deinen einmaligen Beitrag zu dieser Errungenschaft. Vielen Dank an den intelligenten Professor und eindrucksvollen Notenbanker. Vielen Dank an den Mann mit Kultur und lieben Freund, den Liebhaber der Poesie und den Bürger Würzburgs, wo Deine kulturellen und familiären Wurzeln liegen!«

14.

ES GIBT EIN LEBEN DANACH

Die EZB habe ich mit dem Bewusstsein verlassen, den Höhepunkt meiner beruflichen Laufbahn erlebt zu haben. Alles, was danach möglicherweise noch folgen würde, musste gegenüber dieser Erfahrung verblassen. Meine Erwartungen, allein schon altersbedingt, ich war inzwischen 70 geworden, hielten sich in Grenzen. Das geschah ohne große Wehmut, auf den Abschied hatte ich mich längst eingestellt. Ich war mir zudem sicher, in der wissenschaftlichen Arbeit hinreichend spannende Herausforderungen zu finden.

Die Vielfalt der Tätigkeiten in den Jahren »danach« hat mich überrascht. Wiederum konnte ich mich glücklich schätzen, interessante Aufgaben übernehmen zu dürfen. Wie hätte ich mit der unüberschaubaren Fülle von Einladungen zu Vorträgen und Konferenzen überall in der Welt rechnen können? Grundlage dafür waren meine besondere Tätigkeit und Erfahrung in zwei wichtigen Notenbanken, aber auch mein Ruf als Wissenschaftler, den ich mit neuen Publikationen bestärken konnte. Diese Kombination verlieh mir für **Fragen des Euro fast schon ein Alleinstellungsmerkmal**. Am Rande eines Vortrags in London sprach mich ein Kollege an: Otmar, Du bist ein

Krisengewinner. Damit wies er auf die verschiedenen Krisen in Europa hin, die quasi automatisch Nachfrage nach meiner Expertise bewirkten. So erreichte mich beispielsweise eine Einladung nach Slowenien, kurz vor der Einführung des Euro. Die Führung der Notenbank arrangierte Treffen mit den Spitzen der Regierung, damit ich diese auf die anstehenden Herausforderungen einstellen konnte. Eine Konferenz im April 2010 in Washington, D.C. ist mir nicht wegen der Thematik, sondern wegen der Begleitumstände in Erinnerung. Kurz bevor ich den Heimflug antreten konnte, brach der Vulkan in Island mit dem unaussprechlichen Namen aus. Vier Tage lang versuchte ich vergeblich, einen Flug – nicht nur von Washington aus – zu bekommen. Die Zeitungen berichteten, in der Vergangenheit sei im Gefolge ein noch größerer Vulkan ausgebrochen und man müsse in diesem Fall mit der Unterbrechung des Flugverkehrs bis zu einem halben Jahr rechnen. Dass zwischen Amerika und Europa viel Wasser liegt, war mir schon vorher bewusst. Was dies aber für das Reisen bedeutet, wurde mir erst jetzt klar. Zu Lande gibt es viele Möglichkeiten, die in diesem Fall verschlossen blieben. Die Situation spitzte sich für mich auch deshalb zu, weil das Hotel überbucht war und wegen der zahlreichen stornierten Flüge ein Ausweichquartier kaum zu finden war. Über Wien kam ich schließlich nach weiteren Schwierigkeiten endlich nach Würzburg zurück.

Dieser Vulkan sollte mir ein Jahr später noch einmal Ärger bereiten. Aus Anlass eines Vortrags in Gleneagels, einem weltbekannten Golfressort in Schottland, reiste ich mit meiner Frau eine Woche durch die faszinierende Landschaft. Am Flughafen in Edinburgh erreichte uns die Nachricht vom erneuten Ausbruch dieses vermaledeiten Vulkans. Die Eruption war dieses Mal zwar wesentlich schwächer, doch groß genug, um den Flugverkehr für einen Tag zu unterbrechen. Dieses Missgeschick brachte uns einen Tag in dieser wunderbaren Stadt und ein bizarres Erlebnis. Am späten Nachmittag eines erlebnisreichen Tages nahmen wir Platz vor einer kleinen Whisky Bar. Ich ging zur Theke und bestellte zwei Campari Soda. Der Wirt fauchte mich geradezu an: Soda what? Darauf ich: Geben Sie mir bitte zwei Whisky, was ihn sehr viel freundlicher stimmte. Kurz darauf fragte uns ein Mann mittleren Alters, ob er sich auf einen der wenigen Stühle zu uns setzen dürfe. Schnell stellte sich heraus, dass er ein Deutscher war. Angesprochen auf die Medaille, die er an einem Bande trug, erklärte er, er habe am Edinburgh Marathon teilgenommen. Darauf fragte er: Und was machen Sie hier? Meine Frau: Mein Mann hat einen Vortrag gehalten. Er: Wo? Sie: In Gleneagles. Er: Über Golf? Sie: Nein, über ein wirtschaftliches Thema. Er: Interessant, ich bin auch Ökonom. Er habe in Köln bei Professor X studiert. Darauf ich: Den Kollegen kenne ich gut. Er stellte sich vor und fragte mich nach meinem Namen. Als er Issing hörte, verharrte er einen Moment, stand auf und verbeugte sich mit der Bemerkung: Was für eine Ehre, nach Ihren Büchern habe ich studiert. Das war natürlich einen weiteren Whisky wert.

Erwähnen will ich hier nur wenige andere Begebenheiten. So war ich mehrfach zu einem **Hearing vor dem Europa Komitee des House of Lords eingeladen**. Ich fand es immer seltsam, mit welcher Distanz die Briten von »Europa« sprachen, als handle es sich dabei um einen anderen Kontinent. Mit dem Brexit hat sich dieses Verhältnis fürs Erste geklärt – im Grunde aber bleibt es bei der traditionellen Ambivalenz des Vereinigten Königreichs. Eine Konferenz beim Internationalen Währungsfonds in Washington, D.C. im März 2011 bleibt mir wegen der hohen Qualität der Diskussion, nicht zuletzt aber wegen einer Episode am Rande in Erinnerung. Beim offiziellen Lunch war ich neben dem Managing Director Dominique Strauss Kahn platziert. Diesen hatte ich näher kennengelernt in der Zeit, als er französischer Finanzminister und ich Direktoriumsmitglied der Bundesbank war. Er beklagte sich über die unfreundliche Behandlung bei der Einreise und warnte mich vor den US-Behörden. Kurze Zeit später wurde er wegen einer Sex-Affäre verhaftet.

Das Goethe-Haus in Frankfurt veranstaltete zum Jubiläum 2012 eine Ausstellung. Im Titel »Goethe und das Geld« spiegelt sich meine Mitwirkung im Vorbereitungskomitee wider, für mich eine bereichernde Abwechslung.

Über all die Zeit habe ich den Kontakt zu meiner **Alma Julia, der Universität Würzburg** gehalten. Mit der Wahl zum Vorsitzenden des Universitätsrats war ich schließlich eng in das Universitätsgeschehen eingebunden und konnte Anregungen aus meinem reichen Erfahrungsschatz einbringen. Als langjähriges Mitglied im International Advisory Board der Bocconi-Universität in Mailand, einer führenden Institution auf unserem Gebiet, genoss ich das unschätzbare Privileg, zu vielen Aufführungen anlässlich der offiziellen Eröffnung des Opernhauses La Scala jeweils am 7. Dezember, dem Tag des Schutzpatrons des Heiligen Ambrosius, eingeladen zu werden. Im Mittelpunkt stand der Genuss prächtiger Inszenierungen mit den besten Sängerinnen und Sängern der Welt. Darüber hinaus zeigte sich die Elite Italiens mit der traditionellen Anwesenheit des Staatspräsidenten und der Melange aus würdevollen und aufgeblasenen Persönlichkeiten.

Bevor diese Aufzählung zu einem Potpourri für mich interessanter Ereignisse ausartet, will ich mich auf die wichtigsten Engagements konzentrieren:

Völlig überraschend traten Spitzenvertreter der Investment Bank Goldman Sachs an mich heran, um mich für deren International Advisory Board zu gewinnen. Das Angebot war mehr als verlockend, ich wollte aber von Anfang an klarstellen, dass ich mich nicht »kaufen lasse« und stellte drei Bedingungen: Ich werde nicht wie in vielen mir bekannten Fällen als »Türöffner« fungieren, etwa zu Treffen mit dem EZB-Präsidenten; rufen Sie mich nie an mit der Frage, was die EZB auf der nächsten Sitzung beschließen wird; an Geschäftsverhandlungen mit Kunden werde ich nicht teilnehmen, davon verstehe ich nichts. Diese Bedingungen wurden sofort akzeptiert und ich habe in den folgenden zehn Jahren nicht einmal erlebt, dass ich darauf zurückkommen musste. Mein Beitrag bestand im Wesentlichen in der aktiven Mitwirkung an Tagungen, den regelmäßigen Telefonkonferenzen und Meetings zur Einschätzung der wirtschaftlichen Lage. Das umfangreiche Informationsmaterial von höchster Qualität stellte sich als unschätzbare Quelle heraus. Höhepunkte waren jeweils die Treffen unserer Gruppe mit hochqualifizierten Experten aus der ganzen Welt. In dieser Zeit konnte ich meine Kenntnis der globalen Finanzwelt ganz wesentlich erweitern und vertiefen.

Abgerundet wurde diese Erfahrung durch meine langjährige Mitwirkung im Aufsichtsrat der Nürnberger Lebensversicherung und der Fürst Fugger Bank.

Mit dem Center for Financial Studies (CFS) war ich schon seit vielen Jahren verbunden. Der langjährige Präsident Karl Otto Pöhl hatte mich schon vor längerer Zeit auf seine Nachfolge angesprochen. So war es denn keine Überraschung, dass ich schon bald nach meinem Ausscheiden aus der EZB zum Präsidenten gewählt wurde. Hier habe ich eine neue akademische Heimat gefunden und von den Kollegen aus dem Bereich der Finanztheorie in stetigem Meinungsaustausch lernen können. Um dem Institut die verdiente Wirkung in der Öffentlichkeit zu verschaffen und einen breit angelegten Dialog zum Thema Europa zu fördern, begründete ich eine Vortragsreihe – Presidential Lecture Series –, die durch einen Vortrag von Ex-Bundeskanzler Helmut Kohl eröffnet wurde. Zahlreiche Begegnungen in der Vergangenheit eröffneten mir den Zugang zu ihm, und mit dem Hinweis, es gelte die erwartbar vielen jungen Zuhörer für »Europa« zu gewinnen, erhielt ich rasch eine Zusage. Trotz einer kaum überstandenen schweren Operation ließ er sich von der Wichtigkeit dieses Vorhabens überzeugen. Die Resonanz mit weit über tausend Anmeldungen war gewaltig. Kohl stand über eine Stunde für Fragen zu Verfügung. Zur Überraschung, genauer Enttäuschung der jungen Zuhörer sprach er sich gegen ein Vereinigtes Europa nach dem Muster der USA aus und plädierte für ein einiges Europa in Vielfalt vereint. Mit Vorträgen von Kardinal Lehmann, dem früheren Bundespräsidenten Herzog, dem ehemaligen polnischen Finanzminister Balcerowicz, dem ehemaligen tschechischen Staatspräsidenten Klaus und den Spitzen aus der Welt der Notenbanken und der Finanzen fand diese Vortragsreihe große Beachtung in der Öffentlichkeit.

In Zusammenarbeit mit **dem House of Finance**, dessen Kuratoriumsvorsitzender ich war, schufen wir eine Plattform für den Meinungsaustausch in Finanzfragen, die dem Finanzplatz Frankfurt so lange gefehlt hatte. Angesichts der großen und zahlreichen Hindernisse und Schwierigkeiten kaum erwartbar, gelang es in erster Linie durch den unermüdlichen Einsatz von Professor Jan Krahnen, ein Leibniz-Institut in Frankfurt zu etablieren – ein riesiger Erfolg, zu dem ich einen Beitrag leisten konnte. Nachdem mit dem ehemaligen Präsidenten der Bundesbank, Axel Weber, ein idealer Nachfolger für die Präsidentschaft des CFS gefunden war, konnte ich mich 2022 auf die Position des Ehrenpräsidenten zurückziehen.

Schon in den ersten Jahren meines Studiums haben mich die Publikationen Walter Euckens und Friedrich August von Hayeks tief beeindruckt. Ordnungspolitische Fragen wurden nicht zuletzt im Wissenschaftlichem Beirat des Bundeswirtschaftsministeriums diskutiert, dem ich seit 1980 angehöre. Seit dem Jahr 2014 engagiere ich mich im Ludwig Erhard Zentrum (LEZ) in Fürth. Mit dem Geburtshaus Erhards und dem großartigen Museum ist ein Ort entstanden, der einer breiten Öffentlichkeit die Bedeutung der Sozialen Marktwirtschaft für Vergangenheit und Zukunft Deutschlands eindringlich vor Augen führt. Von Anfang an habe ich darauf gedrängt, das Projekt durch die Einrichtung eines Lehrstuhls wissenschaftlich zu begleiten. Unter dem Dach des Ifo Instituts/München und in Kooperation mit der wirtschafts- und sozialwissenschaftlichen Fakultät der Universität Erlangen-Nürnberg ist eine Forschungsstelle entstanden, die bereits beachtliche Erfolge verzeichnen kann.

Als Mitglied der von der EU-Kommission einberufenen High Level Group wirkte ich an einer Stellungnahme zur Aufsicht und Regulierung der europäischen Finanzmärkte mit, von der ein großer Einfluss auf die Politik auf diesem Gebiet ausging. Besonders interessant war die Teilnahme an der von den Finanzministern und Notenbankpräsidenten der G 20 errichteten **»Eminent Persons Group on Global Financial Governance«**. Dieser gehörten 16 prominente Ökonomen aus allen Kontinenten an. Unter dem Vorsitz von Tharman Shanmugaratnam – der inzwischen zum Staatspräsidenten in Singapur gewählt wurde – luden wir führende Experten aus aller Welt zu Hearings ein. Nach intensiven und äußerst fruchtbaren Diskussionen legten wir auftragsgemäß im Oktober 2018 unseren Bericht vor: »Making the Global Financial System Work for All«. Dieser Bericht stieß auf große Resonanz auf den verschiedenen Ebenen der internationalen Politik.

Am 19. Oktober 2008, einem Sonntag, versuchte ich, meinen Bruder anzurufen. Seine Frau sagte mir, er sei Golf spielen, er würde am Abend zurückrufen. Als meine Frau und ich gerade das Haus verlassen wollten, um Freunde zu besuchen, läutete das Telefon. Ich nahm den Hörer ab und erwartete meinen Bruder. Stattdessen: Guten Abend, Angela Merkel. Ich dachte an einen schlechten Scherz und erwiderte: Ist schon recht. Darauf: Ich bin kein Stimmenimitator, ich bin es, die Bundeskanzlerin. OI: Ich bitte um Entschuldigung, aber ich gehöre nicht zu den Menschen die meinen, es ist höchste Zeit, dass mich die Kanzlerin einmal anruft. Darauf herzliches Lachen am anderen Ende der Leitung. Meine Überraschung ist wohl umso verständlicher, als ich Frau Merkel niemals vorher getroffen hatte, noch einer Partei angehörte. Zum Folgenden muss man wissen: Die ein Jahr zuvor ausgebrochene Finanzmarktkrise hat die Welt an den Abgrund einer Katastrophe geführt. Erinnerungen an die schwere Depression in den 1930er Jahren wurden wach. Damals hat ein Handelskrieg und ein sich wie ein Buschfeuer ausbreitender Abwertungswettlauf nach dem Motto »Rette sich jeder, wie er kann« zu einem Zusammenbruch des Welthandels und Massenarbeitslosigkeit mit den bekannten wirtschaftlichen und politischen Katastrophen geführt. Es galt, eine Wiederholung dieses Desasters zu verhindern. In dieser Absicht verabredeten die **G-20-Länder, sich zum ersten Mal auf der Ebene der Staats- und Regierungschefs** zu treffen. Zur Vorbereitung auf diese Konferenzen suchte die Bundeskanzlerin den Rat von Experten und bat mich, den Vorsitz einer solchen Gruppe zu übernehmen. Vor allem mit dem Hinweis, ich hätte dafür keinen Plan im Kopf, versuchte ich, der Kanzlerin diesen Gedanken auszureden. Je länger wir redeten, desto mehr zeigte sie sich überzeugt, ich sei der Richtige. Obwohl ihr ganz andere Namen genannt worden waren, akzeptierte sie ohne Einwände die von mir vorgeschlagenen drei Kollegen, alle exzellente Ökonomen mit einander ergänzenden wissenschaftlichen Schwerpunkten und Erfahrungen.

Da der erste Gipfel in Washington schon in wenigen Wochen stattfinden sollte, kam es ganz entscheidend auf die Bereitschaft zur Kooperation untereinander an. Ohne dass ich mein innerliches Zögern auch nur erwähnen musste, versicherte mir die Kanzlerin, die Beratung sei direkt, nur für sie und den Bundesfinanzminister gedacht. So trafen wir uns dann wenig später im Bundeskanzleramt mit Frau Merkel und Bundesfinanzminister Steinbrück sowie deren beiden Sherpas, darunter der spätere Bundesbankpräsident Weidmann. Entsprechend der von mir vorgeschlagenen Abstimmung untereinander, trugen wir unsere ersten Vorstellungen vor, die auf große Zustimmung stießen. Zu meiner Überraschung erklärte die Bundeskanzlerin am Ende eines langen Gesprächs, gleich im Anschluss werde sie, der Finanzminister und ich als Vorsitzender der Beratergruppe Erklärungen an die Presse abgeben. Die Kanzlerin kam ohne vorheriges Briefing zu unserem Meeting und machte sich nicht eine Notiz zu unserem Gespräch. Ihre klare Presserklärung zu einer ihr weitgehend fremden Materie nötigte mir größten Respekt ab. Das gilt auch für den schnellen Lernprozess, den man von Sitzung zu Sitzung beobachten konnte. In der Folge erarbeiteten wir zur Vorbereitung jedes weiteren Gipfeltreffens ein Papier, das wir kurz vor den G-20-Meetings mit der Kanzlerin und dem Finanzminister, später Wolfgang Schäuble, diskutierten. Vor allen G-20-Gipfeln bat uns die Kanzlerin um ein Treffen. Selbst in der letzten Woche vor der Bundestagswahl 2009 nahm sie sich Zeit für ein langes Gespräch mit uns. Wichtige Punkte brachte sie auf die Tagesordnung der G-20-Meetings. Nach all den vielen Gutachten und Stellungnahmen, an denen ich im Laufe der Zeit mitgewirkt habe, und deren Wirksamkeit in den meisten Fällen sehr gering ausfiel, war dies bei weitem die erfolgreichste politische Beratertätigkeit. Alle Arbeiten des »Issing-Komitees« sind öffentlich zugänglich.

Mit dem Alter kommen die Ehrungen. Soweit ich Einfluss nehmen konnte, habe ich immer auf einer von wissenschaftlichen Beiträgen dominierten Veranstaltung bestanden. So hat das CFS zu meinem 80. und 85. Geburtstag zwei Konferenzen mit prominenten Wissenschaftlern organisiert, die große Resonanz gefunden haben. Vier besondere Würdigungen will ich abschließend aus verschiedenen Gründen noch erwähnen.

Die Auszeichnung als Ehrensenator der Julius-Maximilians-Universität Würzburg krönt sozusagen meine langjährige enge Verbundenheit mit meiner Alma Julia. Als mir die italienische Universität Pavia die Würde »Laurea Honoris Causa in International Economic Integration« verlieh, durfte ich den Pomp Jahrhunderte alter Tradition mit Talaren und Fanfaren erleben. Alle Teilnehmer, nicht nur ich, konnten sich dem Zauber der festlichen Atmosphäre nicht entziehen. Der Vorwurf des »Muff von tausend Jahren unter den Talaren« aus der Zeit der Studentenrevolution, dem man seine Berechtigung teilweise nicht absprechen kann, hat in Deutschland allzu schnell dazu geführt, mit alten Traditionen zu brechen. Man mag sich fragen, ob dies der Universität wirklich gut bekommen ist? Wie andere Länder zeigen, kann man durchaus einen modernen Wissenschaftsbetrieb mit dem Festhalten an traditionellen Ritualen verbinden.

Der Ministerpräsident von Luxemburg – und spätere Präsident der Europäischen Kommission – Jean Claude Juncker verlieh mir für meine Verdienste um die europäische Integration den Orden eines Grand-Officier de l'Ordre de Mérite du Grand-Duché de Luxemburg.

Kurz nach meinem Ausscheiden aus der EZB erhielt ich das Große Verdienstkreuz des Verdienstordens der Bundesrepublik Deutschland aus den Händen von Bundespräsident Horst Köhler. Er lud aus diesem Anlass zu einem Mittagessen in Schloss Bellevue ein, zu dem ich meine Familie und Kollegen aus der Wissenschaft versammeln konnte. Mit dieser hohen Auszeichnung ehrte mich das Land, das mir ein erfülltes Leben in Frieden und Freiheit ermöglicht hat.